産前からの親準備教育のススメ

二人でともに親になるために

柴田俊一［編著］

明石書店

まえがき
産まれる前から、親になるためのこころの準備を！

子どもを産んでも何のメリットもない！

　2023年の夏、ある子育て支援関係者の集まりでゲストとして招かれていた若い独身女性が「子どもを産むことに何のメリットも感じない」と言い放って、その場が凍り付いたことがありました。

　今の日本の子育て状況から聞こえてくる声は、そんなにも、女性に子どもを生み育てることの負担感を感じさせてしまい、子どもを育てることの楽しさうれしさ、家族ができることの豊かさを伝えられなくなってしまっているのだなと思わされました。

　いったい日本はどうなってしまったのでしょうか。明治期に日本を訪れた外国人の旅行記に「こんなにも、子どもを大切に育てている国を私は知らない」[1]、「日本の子どもは泣かない」などの記述があります。もちろん、子どもが泣かないわけはないのですが、それほど子どもを丁寧に育てているので、子どもがひどく泣きわめくということが少なかったのでしょう。

　当たり前のように、時期が来ると多くの若者は結婚し、家庭を持ち、子どもが産まれるというプロセスはもはや苦しみをともなうことと認識されつつあるのかもしれません。

「案ずるよりも産むが易（やす）し」って本当？

　産褥期のケアの活動をしている吉田紫磨子さんの著書に、「産褥期

まえがき

産んだらなんともなりませんから」（2015年）KADOKAWA という本があります。日本古来のことわざ「案ずるよりも産むが易(やす)し」をもじった書名です。

　昭和の初期までは、このことわざのように「心配しないでも産めばなんとかなるからだいじょうぶだよ」という励ましの言葉も機能していたのかもしれません。それは、子どもを産む女性の周りにたくさんの手助けをする人がいたから成り立った言葉です。

　しかし、現代の社会では、8割の子育て家庭は核家族で、子育てをしています。また、高層住宅など、孤立を招きやすい育児環境の中で子育てをする親が多いなか、子どもを育てるスキルも、親になっていくことの心理的準備もできていないまま子育てが始まってしまいます。これらのことを背景に「産んだけどなんともならなかった（ものすごくたいへんだった）」という体験からこの本は書かれています。

　少なくとも従来の母子保健領域における産前の教育では、赤ちゃんのお世話について、お風呂の入れ方（沐浴指導）やおむつの変え方など赤ちゃんのケアに関することは、それなりに教育の機会はありました。

　しかし「親になるって、そもそもどういうことなんだ」という親としての自覚や、子どものいる家庭を運営していくという心構えなどを学ぶ心理教育的なアプローチはほとんどなされてきませんでした。

　親になる意識を積み上げていくことは、子どもが産まれてから、何とか未熟なまま親をしていくことでできていきました。まわりのサポートのある時代はそれでも何とかやっていたのです。

　核家族・孤立・母親ひとりに子育ての比重が掛かるという状況のなかで、夫婦の気持ちはすれ違い、親の精神的な不調が増加し、子どもの虐待という問題つながってしまうことも起こり得ます。

　出産・子育て支援の現場で活動する人たちの中で、赤ちゃんのお世

話の仕方だけでなく、親としての成長という問題に対して学習をしていく必要があると感じる人も増えてきました。

　この本は、親としての意識をもち夫婦が協力して子育てをすることの重要性を感じている関係者の集まりから生まれました。親になるために産まれる前からの教育が必要だと感じている人々が各自の実践を通じて、その必要性を伝えようとするのが本書のねらいです。

一人の青年から親になるということ

　一人の青年が結婚し、家庭を持ち妊娠をへて親になっていく過程を「親への移行期」の問題といいます。この「親への移行期」には、さまざまな課題があることが指摘されています。子どもが産まれることにより、物理的にも精神的にも社会的にも変化を余儀なくされます。それらに対応するのは、人の人生の中でかなり大きなリスクをともなう変化でもあります。

　さらに、男性、女性がそれぞれ別々の背景、生き方、価値観があるなかでこの変化に対応せざるを得ない側面があります。同時に、この本のサブタイトルである**「二人でともに親になるため」**には、夫婦としての二人の関係の変化にも対応せざるを得ないことを意味しています。

　この夫婦関係の変化も二人には大きなリスクとなります。「子どもが産まれてから妻がきつくなった」、「子どもが産まれてから夫がきらいになった」など、夫婦二人の時には、想像できなかった関係の変化に戸惑う子育て経験者の夫婦から多く報告されている話題です。

　この関係の変化についても、今までの産前の教育の機会の中ではあまり触れられてきませんでした。この産後の夫婦関係の変化について

まえがき

予測し、産後の気持ちのすれ違いを起こした時の夫婦間のコミュニケーションのありかたなどについて、予習しておく必要があります。

　そもそも、夫婦はそれぞれ育った家庭の考え方、習慣、価値観をそのまま自分たちの新しい家族に当然のように持ち込もうとします。特に、子どもに関する接し方・育て方の価値観はそれぞれの子ども時代に親にどのように育てられたのかが大きく影響します。

　子どもを育てるにあたりそれぞれの育てられた価値観を基準とするため、時に大きく食い違い、子育て観をめぐり大きな葛藤になることがあります。

　子育てをする家庭を築いていくというのは、この二人の価値観が融合し、新しい家族としての価値観を作り出していくことにほかなりません。

そこには、お互いに譲りがたい葛藤が生まれることもよく起こります。

　この葛藤がうやむやにされたり、夫婦どちらかが、我慢しすぎたりすることにより、葛藤は覆い隠されてしまい、さらなる潜在的な葛藤が生まれてしまうでしょう。

　夫婦二人がこのすれ違いをどのように調整し、どのように折り合っていくかが、家庭のあり方を大きく決めていくことになります。

　このことは、まだ知り合って結婚して子どもができ、育て始める数年の間に起こる変化であるため、二人はまだ調整の仕方になれていません。

　これらの複雑で困難なコミュニケーションの在り方をできれば産まれる前に、調整しておく必要がありますが、当事者の二人だけでは、この問題を扱い、話し合いのルールを決めておくなどの準備はできないことが多いのです。

　このコミュニケーションの大切さは、子どもが産まれ葛藤が起こってからでないと必要性が感じられない場合が多いのです。このため、

5

産前からの親になる準備教育の中でこそ、これらの葛藤が必ずといってよいほど起こること、このことをなかったことにしてしまわないことなど、二人の関係が厳しくなった時こそ、話し合いが必要になることなどを学習しておく必要があります。

葛藤はいけないわけではなく、どのように二人で乗り切るかを検討しておく必要があるのです。

子育て観だけでなく日々の家事・育児の具体的な分担や役割などをお互いに確認する作業が必要です。

男性の取るだけ育児休業！

これらの子育て家庭の家事・育児の分担については、必然的に夫の育児休業の話も関連しています。本書をまとめていくにあたり執筆者どうし情報交換をするなかで「育児休業を取った夫の妻が精神的に不健康になる傾向がみられる」という研究があると紹介され、皆、驚いた経験があります。

本来、妻の育児の大変さを助けるために育休を取得しているはずなので、この研究結果は「なにもできない、やらない夫が家にいることで、かえって妻のストレスが増す[2]」のではと推察されました。これらの現象をとらえて「取るだけ育休」という言葉が出てきました。育休はそもそも何をするために取るかということがわかっていないので「育休を取った」という実績のためだけに育休取得してもらっては困るということです。

この育休を取るかどうかも、産前に夫婦で確認するべき大きな課題です。現在の日本の状況では、育休を取る男性が増えては来ているものの、まだどの職場でも何の抵抗もなく取れるというわけではありません。この社会的な状況の中で、どのように育休をいつまで取るか、

まえがき

取れない状況だとすれば、どのように子育てを協力して行うかを話し合うのは、やはり産前の夫婦の検討すべき重要な課題でしょう。

子どもの虐待予防のために「親子関係形成支援事業」を

　増え続ける子どもの虐待問題の背景に、子育てを行う、夫婦関係の悪化という問題が潜んでいます。筆者は児童相談所の勤務経験がありますが、夫婦関係になんの問題もなく、仲のよい夫婦でしたという家庭では、子どもの虐待は起こらないという実感がありました。夫婦関係の葛藤の末に、関係が冷え切っていたり、激しい暴力をともなうけんかが絶えないような夫婦関係のひずみの中で生まれた子どもが虐待の犠牲になっているケースがほとんどでした。

　増え続ける子ども虐待を根本的に予防する意味でも、夫婦が協力して、子育てをする家庭を維持することが子育て家庭の基盤であり、子どもの精神的な安定につながるという社会的気運を醸成していく必要があります。

　令和6年3月に子ども家庭庁ができるにあたり親子関係の構築をめざした**「親子関係形成支援事業」**が新設されました。各自治体でこれらの事業が展開されることになりますが、親子関係がこじれてしまったから修復するのは、かなりの時間と実施者の力量が必要です。こうなる前からの予防が大切だと思います。その意味で、本書のように産前から夫婦が協力して子育てをするという意識を育てる教育が重要な意味を持つと考えます。

虐待は教育で予防できる！

　本来、健全な家庭運営や、**子ども虐待予防の観点からの産前教育は、**

産前からで間に合うのかという視点から、本書では、6章「思春期か
ら行う虐待予防教育」や、より早い段階から教育の中で将来の家庭生
活を見越した教育を行っている10章「フィンランド教育における親
準備教育の取り組み」を取り上げています。

　主なものとしては、アメリカから「コモンセンス・ペアレンティ
ング」、オーストラリアから「トリプルP」、カナダから「Nobody's
Perfect 完璧な親なんていない」などが導入されました。

　これらの取り組みは、もっと長いスパンで子どもの成長に合わせた
教育の中でこそ、将来の家庭生活・子どもの教育ということを教えて
いく必要があるという観点から実践されている取り組みです。

　日本の教育においては、「家庭科」がそれにあたるわけですが、知
識偏重の教育の中では、最も重要な生活をしていくことについては、
育った家庭で家庭教育として学ぶべきこととして位置づけられている
と思われます。

　しかし、子どもの虐待が増えてきている家庭の現状や、女性に偏り
がちな家事・育児の問題をもつ現代の家庭のなかで、より安定した、
バランスのよい家庭生活の教育がなされるとは思われません。安定し
た健全な家庭で育つ子ばかりであればそれも期待できるでしょうが、
不安定なゆがみの大きな家庭で育つ子には、期待できない教育の内容
になってしまいます。

　そこで、ある程度の安定した家庭のあり方のようなモデルを提示し
ていくことが必要ではないかと考えます。そうでないと不安定な家庭
で育った子どもたちは、その不安定さを、次の世代にますます不安定
なかたちで引き継ぐことになってしまうと思います。この不安定な家
庭の増殖が、子ども虐待問題の背景にあると思います。なぜ、暴力を
ふるってはいけないのか、どのようにして家族のコミュニケーション
をとるのか、買い物は、毎日の料理は、掃除は、など学ぶべきことは

まえがき

たくさんあります。

　将来的に、この産前からの親になるための準備教育は、義務教育・高校・大学へと続く教育の中に、明確に位置付けられ、きちんとしたカリキュラムが作られる必要があると考えます。

　本書の編纂にあたり、各分野の執筆者の方にお忙しいなか執筆をお引き受けいただけましたことにお礼を申し上げます。

　編者としては、産前からの取り組みの発想の原点となった試みをご一緒に発案していただきました、いまここ診療所医師 田辺佳代子氏に深謝いたします。

　また、本書の編集を担当していただきました師岡秀治氏に、執筆者一同を代表しまして感謝申し上げます。師岡氏の経験に基づくご指導がなければ完成に漕ぎつくことができませんでした。

　さらに、本書の出版もとである、明石書店社長大江道雅氏に適切なるご指摘をいただき本書の方向性を定めることができました。改めて深くお礼申し上げます。

　　　　　　　　　　　　　　　令和6年8月　　柴田俊一

(参考文献)

1) 「逝きし世の面影」(2005) 平凡社
2) 竹原健二　男性の育児休業の実態と期待される効果、必要な更なる支援　月間母子保健第777号令和6年1月1日　母子衛生研究会

目次

第1章
なにも準備しないと二人は同時に親になれない　15
常葉大学・柴田俊一

- 猫を育てることと赤ちゃんを育てること
- 自動車教習所でさえ
- 親という存在になっていくこと
- 子ども虐待の現状と課題
- 「愛着」がだんだん薄れていく
- 子ども虐待を予防する親教育
- なぜ産前からの取り組みが必要なのか
- 夫婦がともに学ぶことの意義
- この本で取り上げること

第2章
出産前教育としての「コペアレンティング促進プログラム」の実践　31
山形県立保健医療大学・中村康香

- コペアレンティングとは
- なぜ親準備教育が大切なのか
- コペアレンティング促進プログラム
- 日本人夫婦のコペアレンティングの実態
- コペアレンティング促進プログラムの実践
- 今後の方向性について
- オンライン講座など連絡先

第3章
産後うつ予防プログラム「共感セッション」の実践　51
ハーバード公衆衛生大学院・後藤あや、福島県立医科大学・石井佳世子

男女のコミュニケーション
　　共感セッションのはじまり
　　産後うつ病は早めに支援を受けることが必要
　　なぜ産後うつを予防する必要があるのか
　　妊娠期から産後うつを予防する共感セッションプログラム
　　プログラムの実際——悩みチェックリストを使った話し合い
　　男女によって「話し合い」の感想が異なる
　　プログラムの実際——産後「大変な日」のシナリオを使った話し合い
　　プログラムの実際——産後の説明と対応策の提示

第4章
産前からの親準備教育「親になるための講座」　65
……………………………………………………………………………………… 常葉大学・柴田俊一

　　子どもが産まれた瞬間、二人は同時に親になるけれど
　　新聞記事から
　　一人の青年から親という存在になっていく
　　産後の子育て教育から、産前の子育て教育へ
　　この講座で伝えたいこと
　　妻の愛情量の変化・産後クライシスとは
　　感想文より
　　産後に夫婦ともに協力的な育児ができるようにするためには
　　今後の方向性について

第5章
産前からの子育て教育　81
………………………………………… 青少年養育支援センター陽氣会・杉江健二

　　里親として、虐待をされた子どもを引き受けて
　　「里親養育」から「子ども虐待防止活動」へ

　　子育てプログラム（CPA）開発の取り組み
　　親のための講座の実践
　　予防教育のたいせつさ
　　今後の方向性

第 6 章
思春期から行う虐待予防教育　99
……………………………………………………………… 大阪府立伯太高等学校・森岡満恵
　　思春期から虐待予防教育を行う意義について
　　虐待予防教育の内容について
　　不適切な養育の予防

第 7 章
高校生を対象とした「共感のセッション」の取り組み　117
……………………………………………………………… 福島学院大学・渡邉一代
　　助産師として子育て現場で感じたこと
　　助産師として私が決めたこと
　　思春期からの教育の重要性
　　思春期に子育て教育が必要な理由
　　若年（10代）妊娠と子どもの虐待の現状
　　学生版「共感セッション」の取り組み
　　共感セッションを活用した健康教室の一例
　　共感性を高めるライフプラン教室の効果
　　今後の方向性

第 8 章
産前からの親のための講座を実践してみて　133
……………………………………………………………… 親なるサポート・金子和保

子育て支援団体として
　　子育て支援の現場で見えた子育ての現状は
　　『親なる講座』を地元三条で開催したい！
　　産前から親に伝えておきたいこと
　　出産はゴールじゃない、スタートです
　　お母さんだって初めてのことばかり、その上、体はボロボロ
　　お父さんも子育てに関わりたいと思っている
　　赤ちゃんを迎えると夫婦の関係は変わります
　　私達夫婦に産後クライシスなんてないよね！は、ない
　　夫婦にとって大切なのは最初の二か月
　　「言わなくてもわかるでしょ。」は、ない
　　大切なのは、お父さんとお母さんのチームワーク
　　子育ては夫婦育て、家族育て
　　今後の方向性は

第9章
子育て奮闘中！父親からのメッセージ　151
……………………………………………………… 子育て/パートナーシップ活動家・石丸大志

　　父親の子育て──父親の育児は重要
　　子育てに積極的になったきっかけは
　　夫婦が協力する子育てとは──子育て「あるある」な病気対応
　　男性側に残る子育て神話
　　子育て神話は女性側にもいまだに残る
　　周りではなく自分がどうありたいか
　　親になる人に伝えたい産前から大切なこと
　　夫婦の関係性が成長する
　　子育てをすれば仕事にも好影響

13

第 10 章
フィンランド教育における親準備教育の取り組み　165
……………………………… KH ジャパンマネージメント株式会社・ヒルトゥネン久美子

実際にフィンランドに住んで子育てを体験してみて
フィンランドという国での子育て
子育てに父親が関わるのは当たり前！子育てを通して父性も育ちます
フィンランドの教育の特徴・日本と比較して
義務教育の中で行われる家庭科授業「ホームエコノミクス」
その他安全安心な家庭の土台作りに役立つ授業など
ネウボラで行われている産前教育の支援の実際
日本の教育に取り入れたら良いと感じること

第 11 章
産前からの子ども虐待予防教育が必要　183
…………………………………………………………………… 常葉大学・柴田俊一

これからどうすればいいのか
もし、仮に父親だけで子育てをするとしたら
保育園が必要なわけ
共同養育者としての父親はどうなのか
じゃあどうしたらいいのか
各執筆者の強調したいことは
共通する産前からの取り組みは
よい親子関係連鎖にむけて
実施回数について
産前子育て教育の制度化に向けて

執筆者紹介

第1章

なにも準備しないと
二人は同時に親になれない

柴田俊一
(常葉大学)

猫を育てることと赤ちゃんを育てること

　猫を飼いたいなと思った 5 年前に、なにもわからなかったため、猫の飼い方、育て方の本を 3 冊、雑誌を 2 冊を読み、DVD 教材を 1 本見て学んだ経験があります。家族も一緒になって本を読み DVD を見て、すでに飼っている友人宅に見学に行き猫を抱かせてもらい体験談を聞かせていただきました。

　猫でさえと言ったら猫が怒るかもしれませんが、これだけの準備をしました。わからないことだらけでしたので学習して猫が我が家に来る前に知っておいたほうが良いことは、たくさんありました。餌は、トイレは、どこで寝るのかなと学ぶうちに徐々に猫との暮らしのイメージができていきました。まだ、十分に理解していなかったことがあったと飼い始めてみてわかったこともいろいろありましたが、それでも事前に学んだおかげで、これで猫を迎えることができるなとは思いました。

　もし猫について学んでいなかったらと想像してみました。例えば、よく吐くなとか、高いところに登りカーテンレールの上から降りられなくなるなとか、カーテンは引っかかれてボロボロになるなとか、脱走して探しまわることがあったなとか、予測できないことがいろいろ起こりました。これらのことがありうることは飼う前の学習である程度わかっていました。もしこれらのことを猫の習性として理解していなかったら、飼い続けることを放棄していたかもしれません。また、厳しく罰をあたえないとダメだと思い、たたいていたかもしれません。前もって知っていたことで、「やってる、やってる」と少し余裕を持っ

第 1 章　なにも準備しないと二人は同時に親になれない

て見守ることができたのかもしれません。今では、家族にもなじんで、家族も猫のいる生活に適応して最高のコンパニオンアニマルとして可愛がられています。

　でも猫でさえこんなに学ぶ機会が必要だと感じていたのに、人間の子どもが家に来るときに、赤ちゃんについて、子育てについて知ろうとしたかな。私はほとんどしてこなかったと思いました。反省をしてもすでに手遅れではありますが。ただ、このような産まれる前からの親になるために学ぶべきことがあるとか、その必要性があるという情報を見たことも聞いたこともありませんでした。

　今、子育てをすることに突入し始めた若い夫婦はどうなっているのでしょうか。

　今回、これから親になる世代の方たちに、自分の反省も含めて産まれる前に、学ぶべきことがあるいうことを伝えておきたくて、というよりは、知らないとたいへんなことになる可能性があるよ、というつもりでこの分野に関心のある人たちと、この本を作ろうと思いました。

自動車教習所でさえ

　昨今は育児休暇を取る父親も増えてきて、子育てをする親の意識や子育て支援の環境も 30 年前とは変わってきています。

　しかし、臨床心理士として仕事をしてきた中での相談経験では、なにも親になる準備をしないまま、親になってしまってからの夫婦間のトラブル、子育てのトラブルにみまわれた家族を多く支援してきた経験があります。もっとも深刻な問題として子どもの虐待という問題までいきついてしまう家庭もありました。

17

これらの問題に遭遇しないようにするためには、「親になるってどういうこと？」ということを産まれる前から学んでおく必要があると思っています。

　猫を飼うようになって、わかったことがあります。猫の食事、トイレ、爪の切り方など猫のケアに関することはいろいろな情報があり、また、やってみる中で比較的簡単に身についてきます。予測できていなかったのは、家族のメンバーがそれぞれ、猫にたいする気持ちにズレがあること、おもちゃを一つ買うのにも意見がずれることの調整や、猫を飼うことの責任についての思いが違うことなど、精神的な意味でペットの飼い主になる覚悟のようなことは、なかなか学べないことでした。人間の赤ちゃんでもある程度同じことが言えるのではないでしょうか。お風呂の入れ方、ミルクの作りかた、おむつのこと、泣くときの対処など赤ちゃんのケアに関することは、情報もありますし、産前の「両親学級」などでも学ぶことができます。

　ところが、精神的に親になっていくということについては、ほとんど学ぶ機会がありません。どういう気持ちの変化があるのか、夫婦関係はどうなっていくのか、赤ちゃんの命を守るということの責任と重さにどう対処していくのかなどです。

　「案ずるよりも産むがやすし」という言葉がありますが、「心配しなくていいよ、生まれればなんとかなるよ」という意味かと思います。でもこれは精神的・物理的サポート体制が得られやすかった、三世代同居の家族や、となり近所が助け合って子育てをする若い親を見守る環境が自然に存在していた時代のことだと思います。

　現代社会では、核家族で子育てをしている世帯が８割にのぼり[1]、インターネットをたよりにする子育て状況では、この言葉は、通用しな

第1章　なにも準備しないと二人は同時に親になれない

いのかもしれません。

　地域社会や、まわりのサポート体制が子育てに目を向けづらい状況だからこそ、子育てのパートナーである夫と妻の関係は大きな意味をもちます。さらに子育てに突入する前に、親になる準備教育の機会が産前から提供される必要があると思います。

　車を運転するためには、自動車教習所に通って、運転の技能をある程度身につけてからでないと免許がもらえません。

　でも人間の子どもを育てるのに免許は必要とされていませんが、命がかかっており生まれた子の一生を左右するかもしれない子育てという大事業をするための免許っていらないのでしょうか。

　子育ての教習所は、今のところありません。ですが、せめて自動車教習所で一般の道路に出て運転してもいいよという「仮免」の状態くらいに、親もなっておかないといけないのではないかと思います。

　今日からいきなり運転していいよと言われて、自動車教習所に通わず道路に出れば限りなく交通事故を起こしてしまう危険性があります。「今日から子育て始まるよ」でいきなり赤ちゃんを迎えてだいじょうぶでしょうか。限りなく不安ですね。

親という存在になっていくこと

　一人の青年男女がパートナーと出会い結婚し妊娠・出産を経て親になります。法的には、または外から見える実態としては、二人は子どもが生まれたことにより、「親」というものになっています。

　この親になっていくプロセスを「親への移行期」の問題といいます。この親への移行が必ずしも二人そろって進んでいくとは限らないとこ

19

ろに、いろいろな問題が生じます。

　多くのカップルを見ていると女性が「母」になっていくプロセスと、男性が「父」になっていくプロセスにズレが生じやすいことがわかっています。このズレをきっかけにお互いが精神的に追い詰められ、パートナーとの関係が破綻して離婚に至ることもあります。また、このズレによる親の精神状態の悪いなかで子どもの虐待が起こりやすいことも知られています。最も重要な子育てのパートナーとの気持ちのズレを抱えたまま、子育てをするのは、子どもの育ちそのものにも影響を与えます。精神的に苦痛を感じながらの子育ては、子どもの要求や子どもからの働きかけに、細やかに反応することをじゃまする要因になります。簡単に言えば、笑顔で赤ちゃんに接することができづらくなるということです。

　この産後の夫婦間のズレという問題を、生まれる前に知っておくこと、このズレを感じたときに、お互いがどのようなコミュニケーションをとるかなど、まだ余裕のある生まれる前の学習として、親準備教育の機会に巡り合う必要があると考えます。なぜ、そうしておかないと、いけないのでしょうか。産まれてしまうと特に母親は授乳のため睡眠不足の生活になります、また精神的にも余裕のない状況にもなっていきます。そのため、産まれる前の夫婦二人のあいだに話し合って気持ちの行き違いの修正の仕方を確認しておく必要があると思います。産まれてからの数ヶ月は話し合いすらままならない状況になるからです。

　このような状況が産前・産後に起こってくるとすれば、やはり産前からの準備をしないと二人は同時に親になれないと思います。それも夫婦が二人そろって学んでおく必要があると思います。

第 1 章　なにも準備しないと二人は同時に親になれない

　少子化が進行し、働く人が減り女性が働くことが社会全体の課題になってきています。さらに、若い夫婦の経済状態では夫一人の収入だけでは十分に回っていかない家庭の経済という問題もあり、夫婦ともに働きながら子育てをするという時代になりつつあります。
　子育て・家事は家庭を守る専業主婦という妻の役割で、夫は外で働く人という時代は、女性が子育てにより責任も時間もついやすことができたかもしれませんが、今は、もうそういう時代ではないのです。その意味で、子育ての中心である妻のみが子育てについて学べばよいという状況ではありません。母乳をおっぱいから授乳させること以外は、すべての家事も育児も夫婦ふたりが協力してやる必要のある時代です。
　小児科医師から、「赤ちゃんを一人育てるのに大人の手が三人ほしい」と言われていると聞いたことがあります。この説でいけば夫婦ふたりだけでは足りていないことになります。ましてや妻が一人でこの役割を担おうとすると、当然のことながら無理があります。こんなかたよった家族関係の中で、子どもの問題行動、不適切な対応などが発生してくると思われます。
　これらの状況から、子育ては二人で協力して行うものだという意識を作り上げていく上でも生まれる前からの親になる準備教育は必要なのです。

子ども虐待の現状と課題

　子どもの虐待は、児童相談所がいくら増えても減らすことができません。児童相談所で仕事をしたことのある私の実感です。一般の方は、

児童相談所がよく機能して仕事をしっかりしていれば子どもの虐待は
減らせるはずだと思っておられるかもしれませんね。残念ながら児童
相談所は、虐待が起こってしまった事後処理をしているのであって、
減らすことを目指した仕事をしている余裕がありません。

　児童相談所は、虐待状況になってしまった子どもを加害者から離
し、安全を確保するために施設に入れることは毎日のようにやってい
ます。とりあえず、今日、保護してきた子の命はまもることができた
となりますが、次の日、また次の子ども虐待の通報があります。子
どもの虐待は途切れることなく、次から次へと年齢の低い子から新たな
虐待が起こってしまっています。

　2023 年度の速報値では全国の児童相談所が相談対応をしたケー
スが 219,170 件でした。1990 年に統計を取りはじめた時の件数が
1,101 件でしたので、単純に計算すれば 200 倍になっています。この[2]
の間児童相談所の数は、190 か所から、232 か所（2022 年）に増え、
職員の数も 2 倍近くにはなっています。けれども 200 倍に増えてい
る状況では、毎日のように通報の入る虐待の対応に追われていて、と
ても子どもの虐待が発生することを予防することまで注意を向けるこ
とができていないのが、子どもの虐待対応の現場の状況です。皮肉にも、
少子化が進むにつれて、反比例するかのように子ども虐待は増え続け
ています（図 1 ）。産まれる子どもが減って、親としては一人だけの
子どもを、ていねいに、大切に育てることができる状況のはずなのに、
子どもの虐待は増え続けています。これはどういうことなのでしょう
か。

第1章 なにも準備しないと二人は同時に親になれない

（図1） 全国の児童相談所が対応した児童虐待の件数の推移

「愛着」がだんだん薄れていく

　臨床心理士として保健所で子育て家族へかかわりを続けてきました。その後、児童相談所で子ども虐待の対応に至る仕事をしてきた実感として、年々、子育て中の保護者の方たちの養育能力が低下しているのではないかという感触を感じながらきました。例えば、3世代同居が普通で若い夫婦の子育てを自然に支援する地域の人たちがいて、安心して子育てをしていた時代の親の養育能力を仮に100とします。戦争が終わり高度経済成長期に入った日本では、団地といわれる居住スタイルで子育てをする家族が増えていきました。そこには、祖父母世代の毎日の見守りは期待できません。さらに、テレビが普及しはじめて、母と子のコミュニケーションをじゃまする状況が発生しはじめた段階の親の養育能力は、80というレベルに低下しているかもしれ

ません。その養育能力80の親がビデオ・テレビゲーム、スマートフォンなどの電子機器に子どものコミュニケーションをじゃまされて育てられた子どもは、養育能力が60に低下しているとも考えられます。

　このような核家族が孤立していく育児状況の中で、追い打ちをかけるように広まった情報があります。太平洋戦争後、戦争に負けてゼロから国を作りなおそうとしていたときに、アメリカの戦後統治の影響もあり、子育てのしかたもアメリカに学ぼうとしました。アメリカでは、赤ちゃん部屋というのがあり、小さいころから独立心を養うために赤ちゃんを一人で寝かせているらしい、なんでも自分でできるようにするために、甘やかしてはいけないらしいとのうわさが広まりました。この情報のもとになっているのは、1946年に発行された小児科医師ベンジャミン・スポックによる「スポック博士の育児書」といわれる育児のテキストです。全世界で5,000万冊も売れたと言われています。この本のなかで「泣いてもほっておきましょう」とか「抱き癖がつくので、あまり頻繁に抱いてはいけません」などと書いてあります。

　この説を信じた親に育てられたアメリカの子ども達は大人になったときに、人の痛みがわかりにくい大人として育ち、アメリカ全体の犯罪率が上昇したと言われています。発達心理学の観点から言えば、人との「きずな」を感じにくい「愛着」の薄い人になっていったと考えられます。

　日本の子育てにもこの考えが影響を与えました。日本では、戦後「母子手帳」として妊娠から出産、子育ての状況を管理する記録簿としての手帳が存在します。この母子手帳には、国や自治体が発行している各種のパンフレットや資料がついてくるのもご存知かと思います。こ

第1章 なにも準備しないと二人は同時に親になれない

の資料のなかに「赤ちゃん　そのしあわせのために」というような母子手帳の副読本がついてきます（図2）。この中に、紹介した「スポック博士の育児書」の考えをとりいれ、1964年から1987年まで20年以上にわたり「抱き癖」についての記述がありました。

そこには、「抱き癖がつくのであまり抱かないように」という趣旨のことが書いてあります。それを信じた日本の子育てをする親も多くの人が実行しようとしたことが想像されます。テレビ・ビデオ・ゲームなどの母と子のコミュニケーションをじゃまするもののほかにも、「あまり抱いてはいけない」という「愛着」の形成にはマイナス要因が付け加わったことになり、さらに親と子の関係を不安定にさせていったことがありうるのではないかと思っています。

（図2）母子手帳の副読本

25

子ども虐待を予防する親教育

　子どもの虐待を減らしていくには、親の養育能力を高めていくことが必要です。子どもの虐待について関心をもつ専門家や民間の子育て支援団体などが、2000年前後から、各国の子どもの虐待予防の取り組みを学び、日本に親のための学習プログラムとして導入する動きが始まりました。

　主なものとしては、アメリカから「コモンセンス・ペアレンティング」、オーストラリアから「トリプル P」、カナダから「Nobody's Perfect 完璧な親なんていない」などが導入されました。

　子育て中の悩みや育児ストレスについてお互いに話しあったり、どのように子どもと接するのがよいかなど親としての子育てのスキルや態度を身に着けようとする学習プログラムです。

なぜ産前からの取り組みが必要なのか

　妊娠中の多くの夫婦の関心は、出産そのものに向いています。破水や陣痛のこと、出産時の痛みなどについては多くの人が聞かされており、戦々恐々として、出産を迎えようとしています

　出産がゴールのように感じている夫婦が多く、その直後からはじまる子育ての大変さについては、なかなかイメージできないことが多いだろうと思われます。

　産婦人科での産前の学習や、行政が開催している両親学級などでも主に取り上げられるのは、妊娠中の母親の体調管理や、出産のプロセ

第 1 章　なにも準備しないと二人は同時に親になれない

スなどについての学習が中心です。産まれてきた赤ちゃんのケアとしてお風呂の入れ方や、おむつの変え方などについては学びますが、精神的な意味で「親になること」や、「夫婦関係の変化」、「家事・育児の分担」などのことは今までの産前の学習の中ではあまり取り上げられてきませんでした。

　夫婦関係の良し悪しは、「**ペアレンティング（親が子どもを育てるあり方）**」に影響を与えると言われています。さらに子どもの発達にも影響を与えると言われます。児童相談所で仕事をした感触としては、子どもに不適切な対応になってしまう家庭では、親が仲がよいという状況はほぼなく、なんらかのもめ事、夫婦関係の悪化が背景にあったなと思います。

　つまり夫婦の仲が良かったら虐待はありえないということです。

　「**夫婦仲が良いことは、子どもに与えられる最高のプレゼント**」という言葉があります。

　この状況になるためには、出産後に関係がぎくしゃくし始めてからでは遅いと思います。

　2023 年、育児休暇を取得しようとする父親は増えてはきましたが、まだ子育て中の父親の 20% にも届きません。さらに育児休暇を取っている父親の 7 割は 1 か月未満の取得です。制度としては子どもが一人でも両親そろって 1 年は取れる制度なのにもったいないなと思います。まだ、だれもが躊躇なく育休をとれる状況には社会全体がなってきていません。

　「**夫が育休を取得する家庭で育ったこどもは成績がよい**」と言われ始めています。これはノルウェーでの研究[3]がもとになっていますので、まだ日本での実態は明かではありませんが、父親が、育児・家事に協

力的で夫婦関係も良好であれば、その家庭に育った子どもはのびのびと遊び、勉強にも打ち込める環境が整うだろうことは想像できます。反対に、父母がもめていて、家庭の中が暗く不平不満が飛び交う家庭の中では子どもの健全な精神的安定が得られにくい状況になることが予測されます。そのような状況では、家のことが心配で勉強どころではないかもしれません。

夫婦がともに学ぶことの意義

夫は、外で仕事、妻は家庭で育児・家事という時代はすでに過ぎ去ろうとしています。

夫婦二人とも働くことを前提にこれからの子育てを考えていかなければならない時代になっていると思います。

子育て中の父親の態度を取り上げたエピソードとして、「子育てを手伝う」と言って妻に怒られたという話がよく出てきます。

この「手伝う」という言葉の背景には「子育ての仕事は妻が中心でまわっているので、ぼくは、横から少し手伝います」というようなニュアンスが妻に伝わると怒りをかいます。

妻としては、「二人の子どもで、二人とも親なんだから、あなたも当事者でしょ！」と思っている方が多いと思います。父親の「当事者意識のなさの問題」とも言われます。

ちょっと想像してみてください。ＰＴＡで役員を決めなきゃいけないときとか、あるグループで○○委員を決めなきゃいけないときに、みんなやりたくなくて、逃げ腰になってなかなか決まらない時があります。しかし、「しょうがないな、私がやります」って手をあげた瞬

第1章 なにも準備しないと二人は同時に親になれない

間からその人は、その役の「当事者」になっています。そうすると自ら主体的に事を進めようとし始めると思います。その意味で、妻も夫に「子育ての当事者」になってほしいと思っています。

　これらのことから、夫婦が二人で生まれる前からともに親になることを学ぶ機会がいかに重要かわかっていただけるのではないかと思います。

この本で取り上げること

　この本では、**第2章「出産前教育としてのコペアレンティング促進プログラム」**の実践として中村康香さんに、親が協同して子育てをする状況をより高めるための産前からのプログラムの実践を紹介していただきます。

　第3章「産後うつ予防プログラム共感のセッション」の実践については、赤ちゃんを迎えることに対する心配なことを夫婦がそれぞれチェックして、そのズレを確認する作業などについて後藤あや、石井佳世子さんに紹介してもらいます。

　第4章では「親になるための講座」の紹介を柴田がしています。産前からの親になるための準備教育として主に夫婦関係の変化について触れていきます。

　第5章「産前からの子育て教育イライラしない子育て」については、長年、里親として活動をしてこられた杉江健二さんに生まれる前から子育てスキルについて予防的に学んでおくべきことを解説していただきます。

　第6章「思春期から行う虐待予防・教育」として森岡満恵さんに虐

待予防を意識した教育が必要であるとの観点から家庭科の授業のなかでの実践を紹介していただきます。

第7章「高校生を対象とした共感のセッションの取り組み」として、教育の段階から第3章の「共感のセッション」を高校生を対象とした実践について渡邊一代さんに紹介していただきます。

第8章「産前からの親のための講座を実践してみて」については、ＮＰＯ団体で活動を続けておられる金子和保さんに、産前からの講座を実践してきた経過などにつき紹介していただきます。

第9章「子育て奮闘中！父親からのメッセージ」として父親の子育てについて本を出版された石丸大志さんに、ご自分の子育て体験を通じて、これからのお父さんに産前から知っておいたほうがよい話を伝えていただきます。

第10章「フィンランド教育における親準備教育の取り組み」としてフィンランドで子育てをしたご経験のあるヒルトゥネン久美子さんに、フィンランドの教育の実践や、ネウボラで行われている産前の取り組みなどについてご紹介いただきます。

第11章「産前からの子ども虐待予防教育が必要」として柴田が各執筆者に共通する産前からの取り組みの要素などについてまとめ、今後の虐予防活動への提言としたいと思います。

(参考文献)

1）2022（令和4年）国民生活基礎調査の概要
  人口動態・家族のあり方等 社会構造の変化について
2）こども家庭庁（2023年）児童相談所一覧
3）山口慎太郎「家族の幸せ」の経済学
  データ分析でわかった結婚・出産・子育ての真実（2019）光文社新書

第 2 章

出産前教育としての「コペアレンティング促進プログラム」の実践

中村康香
(山形県立保健医療大学)

コペアレンティングとは

「コペアレンティング」という言葉を聞いて、なにを思い浮かべますでしょうか？

「子（コ）親（ペアレント）」ってこと？

なにと思った方もいるでしょう。

英語で書くと、「coparenting」となります。あ〜（なるほどね）と思った方もいらっしゃいますか。英語の「co-」という接頭語は、共同の、共通の、相互のという意味があり、対等の役割や立場を表します。cooperate（協力する）とか、co-worker（同僚）とかでも使われます。

つまり直訳すると、共に親になっていくという意味になり、夫婦協同育児のことを指します。

親同士が子どもを育てる責任を共有し、自分たちの役割を調整しながら、サポートし合うことです。ここで大切なことは、夫婦それぞれが、自分たちの役割について納得し合っていることです。子どもが

第2章　出産前教育としての「コペアレンテイング促進プログラム」の実践

　産まれた後の生活で、主には家事や育児があると思いますが、それらの仕事について夫婦で分担した際、「私おむつ交換 5 回やったから、あなたも 5 回やってね」といったように家事や育児の分量が均等であるということを意味しているのではありません。
　お互いを思いやりながら、認め合いながら、リスペクトしながら、共に生活をし、子どもを育てていく役割を分担し、それらの役割分担について、お互いが納得していることが大切になります。
　コペアレンティングの関係性の中では、夫婦は「育児チーム」となり、チームワークを取りながら子どもを育てていくことなります。皆さんも小学校や中学校、高校生の時、社会人になって仕事をしていく中で、チームを組んで何かに取り組んだ経験はないでしょうか。その時にはチームメンバーとして一人ひとりが自分の役割に責任を持ち、目標を達成しようと協力し合ったはずです。
　「育児チーム」も一緒です。わが子の健やかな成長発達を目指して、夫婦で協力していただければと思います。

なぜ親準備教育が大切なのか

　皆さんはお子さんを出産する前に、母親学級や両親学級といった「出産前教室」にはいかれましたでしょうか。
　お子さんがいらっしゃらない方は、お子さんが生まれる前に行こうと思いますか？　特に初めてのお子さんが生まれる場合、おそらくだいたいの日本人は医療施設や自治体が行っている出産前教室に行こうと思うはずです。
　このような出産前教室では、妊娠中の身体の変化や、それに伴う症

状、妊娠経過を通して気を付けるべきことなどの妊娠に関する知識に加え、どのように赤ちゃんが生まれてくるのか、陣痛をどうやって乗り切ればいいのか、出産のときにはどのような処置があるのかなどの出産に関する知識を教わります。さらに、母乳栄養や出産後のもく浴やおむつ交換などの育児技術に関する知識を教わることもできます。しかし、これらだけでは十分ではないのです。

　では、お子さんが生まれる前に、以下のことについてご夫婦で話し合ったことがあるという人はどのくらいいらっしゃるでしょうか。

①お子さんが生まれた後に、どのように生活リズムが変わるでしょうか。（自分の睡眠時間や食事、お風呂、趣味、掃除や洗濯の時間は）

②お子さんが生まれてくるにあたって、「家のこと（掃除、洗濯、料理、後片付け、ごみ集めやごみ出し、保険や子どもにかかるお金の管理など）」はご夫婦でどう役割分担していけばよいでしょうか？

　さらに

③自分が生まれてくるわが子の「親」としてどう責任を持ち、育てていくか（自分はどんな「親」になりたいか、どんな子どもに育ってほしいのか、子どもを育てていくうえで、譲れないことは何か？など）

　そんなの、実際子どもが生まれてみないとわからないし、その時にやれる人がやればいいんじゃん。そう思っていらっしゃる方は多いのではないでしょうか。あまいです。「産後クライシス」という言葉を聞いたことがある方は多いと思います。もともとは 2012 年に NHK テレビが「あさイチ」の番組で使用したもので、女性の産後のホルモンバランスの変化や、育児へのストレスなどから（図1）のように夫婦関係が変化していくことを指します。[1]

第2章　出産前教育としての「コアペアレンティング促進プログラム」の実践

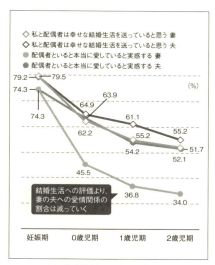

（図1）結婚生活・愛情関係
第1回妊娠出産子育て基本調査・フォローアップ調子（妊娠期〜2歳児期）
ベネッセ次世代研究所 (2011)

　子どもが生まれると夫婦のもめごとは8倍になるとも言われています。
　子どもを育てていくことは、とても大変です。これまでの生活がガラッと変化し、これまで経験したことのないことにチャレンジする毎日が続き、睡眠時間もままならない中、夫婦で子育てについてゆっくり話し合う時間を持つことはとても難しくなります。なので、自分たちが「親」として子育てをしていくことについての親準備教育はとても大切になります。

　女性が妊娠してから子どもが2歳になるまでの、1000日間は生涯にわたる最適な健康、成長、神経発達の基盤が確立される重要な時期であると言われています。[2] この時期の子どもに対する栄養、人間関係、

環境は、子どもの脳の成長と発達の基盤に大きく影響を与え、将来の肥満や糖尿病、慢性疾患などの生涯にわたる健康の基礎作りの時期となります。

また、ノーベル経済学賞を受賞したジェームズ・ヘックマン教授は、子どもの年齢が低いほど、人的資本投資の収益率が高いことを提唱しています[3]。

（図２）のグラフは、縦軸が人的投資の収益率、横軸に年齢を示したもので、一番左が妊娠期で右に行くほど年齢が高くなっていきます。つまり、同じお金をかけるなら、妊娠期あるいは出生後早期の時期が、その後もたらす社会的利益が大きくなるというものです。そのため、子どもの教育に国が公共政策としてお金を使うなら、妊娠期や就学前の乳幼児期が効果的です。特に、忍耐力、やる気、自信、協調性のよ

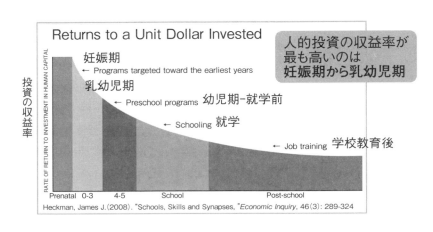

（図２）人的資本投資の収益率（J.ベックマン、ノーベル経済学賞受賞）

第2章 出産前教育としての「コアペアレンティング促進プログラム」の実践

うな非認知的な能力を身につけておくことが、大人になってからの幸せや経済的な安定につながるといわれています。このようなことも、これから親になっていく人たちは知っておく必要がありますし、そして育児期における子どもとのかかわりが与える影響の重要性についても、伝えていく必要があります。

コペアレンティング促進プログラム

　コペアレンティングの概念を取り入れた出産前教育の一つに、アメリカのペンシルベニア州立大学のFeinberg教授らが開発した、Family Foundation Program® があります。妊娠期に5回、出産後に4回の合計9回行われる、夫婦参加型のクラスです[4]。

　日本では妊娠期に行う出産前クラスが一般的ですので、私たちはまずは妊娠期のクラスを日本人夫婦向けに作成することとしました。

　オリジナル版の妊娠期のプログラムは、180分×5回で構成されています。本来であれば夫婦で5回参加することが望ましいですが、日本では夫婦ともに働いている場合が多く、特に男性は妊娠期のクラスに5回の時間を確保することは難しいと考えました。そこで、180分×2回のクラス（フルバージョン）としましたが、新型コロナの流行により対面クラスが難しくなったこともあり、120分×2回のオンラインクラス＋e-leaningとしました。

　なかなかe-leaningまでフルに視聴してくださるご夫婦は少ないのですが、クラスに参加すれば、エッセンスは伝わるかと思います。

　フルバージョンのプログラムの概要を（表1）に示しています。どんな子になってほしいか、もめごとが起きた時にはどのように対処す

37

ればよいのか、お子さんが生まれた後、家事や育児を夫婦でどのように分担するかなど、育児を行う時期を想定した内容からなるのが特徴です。

　毎回何かしらのワークを取り入れており、夫婦によるペアワーク、いろいろな場面を想定したロールプレイ、実際に育児を行なっている夫婦の動画を見て話し合ったりしています。

　もちろん知識を教えるプチ講義もあります。

　1回目と2回目のクラスを受講する間には、ホームワークも取り入れています。例えば、育児について夫婦で「もめごと」を起こした場面のビデオを視聴して、夫婦それぞれの気持ちや、どういう対応がほかに考えられたかなどを話し合ったりします。

　またクラスで行ったワークをさらに発展させた課題をお家でやってみることをお勧めしたりしています。こういったワークを通して、どうすればお互い、気持ちよく会話できるか、どうすればお互いに納得のいく家事・育児の分担ができるかを、お互いの気持ちや考えを、察するのではなく言葉に出して言語化することで、お互いの考えをすりあわていくことを目指しています。また、実際の子育てを想定した場面をロールプレイすることで、夫婦ともに子育てのイメージを共有し、子育てについてのお互いの考えを知る機会になったり、お互いを思いやる気持ちを確認し合ったりすることをすすめています。

　クラスの中でも繰り返し伝えていることですが、「育児」に絶対にこのやり方がいい、というものはありません。

　夫婦それぞれは、育ってきた環境も違いますし、大事にしていることも多少違ったりしています。

　価値観が全く同じというわけではありません。でも、「親」として、

第2章 出産前教育としての「コペアレンティング促進プログラム」の実践

	クラス1		クラス2	
テーマ	家族を築く	感情ともめ事	チームワーク	対応の仕方
目的	チームとして共に育児をすること（coparenting）の大切さを理解する	赤ちゃんへの親のもめ事の影響、もめ事への対処を学ぶ	実際の出産後の仕事の分担について考え、効果的な話し合いの方法について学ぶ	育児チームとしてうまくやっていくためのコミュニケーションスキルを総復習する
講義内容	・本教育プログラムの全体的な効果や目標 ・育児のチームワークをよくするために：動画視聴 ・育児方針について：夫婦ペアワーク	・自分たちの感情や、感情による心身の反応 ・赤ちゃんへの親のもめ事の影響：動画視聴 ・夫婦げんかを起こさないために：ロールプレイ	・出産後の家事・育児の分担：夫婦ペアワーク、動画視聴 ・ネガティブな考え方を変える方法：個人ワーク ・パートナーへの愛情と称賛：夫婦ペアワーク	・子どもの成長と行動 ・子どもに対する親の立ち位置：動画視聴 ・もめ事に対する良好なコミュニケーションのとり方：ロールプレイ

（表1）コペアレンティング促進プログラムの概要

わが子を大切に思う気持ちは同じはずです。その大切に思う気持ちを尊重し合いながら、それぞれの育児の考え方を知り、理解し、お互いに納得する育児の方向性が見いだせればよいのだと思います。

日本人夫婦のコペアレンティングの実態

　私たちは、未就学児を養育しているお父さん、お母さんを対象に2018年にインターネットによる調査を行いました。調査を行った方々の属性を（図3）に示します。そのときに使用したのが、日本語版 Coparenting Relationship Scale（以下 CRS）というものです。これは、Feinberg 教授らによって開発された尺度を私たちの研究チームで日本語に翻訳したもので、コペアレンティングの程度を測定できる尺度です。[5)]

　この尺度は、パートナーの育児関与や育児について尊重・肯定していることを示す次の項目からできています。

【育児の結束】
親としてのパートナーに、自分の育児をサポートしてもらえており、

39

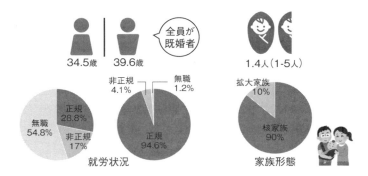

(図3) 調査対象の属性

身近にいると感じていることを示す。
【育児サポート】
子どもの前で育児や夫婦のことで親同士がもめる（けんかする）ことを示す。
【子どもの前でのもめごと】
パートナーが一緒に育児を行っていこうという親の責任の持ち方や関与に気持ちが向かないことを示している。
【パートナーの育児関与の忌避】
パートナーから自身の育児能力や育児関与を批判されたり、邪魔されていると感じている。
【育児の不一致】
　育児に関する意見の不一致を示す。
これらの5つの側面から、夫婦のコペアレンティングを評価することができます。

第 2 章　出産前教育としての「コアペアレンテイング促進プログラム」の実践

　この質問紙について、0 歳、1 歳、2、3 歳（以下 2 歳児）、3、4 歳（年少相当、以下 3 歳児）、4、5 歳（年中相当、以下 4 歳児）、5、6 歳（年長相当、以下 5 歳児）を養育している男女各 100 名（夫婦ではありません）に回答してもらいました。

　まず、男女で比較してみます。（図 4 ）は、縦軸に CRS 得点、横軸には合計と下位尺度項目を示し、濃いバーは男性、淡いバーは女性を示しています。

　男女比較した結果、合計得点、【育児の結束】【育児サポート】【パートナーの育児関与の忌避】で、男性の方が女性よりも高い得点でした。つまり、男性の方が女性よりも、パートナーの育児について尊重できているし、育児をサポートしてもらえているし、育児を一緒に行う気持ちがある、と評価していることになります。

　しかしその一方で女性は、パートナーの育児は尊重できないし、サポートしてもらえておらず、パートナーには育児を一緒に行う気持ちがない、と男性よりも強く思っているという結果です。

　男性の育児関与の頑張りが、あまり女性には見えていないのか、女性が求める男性への育児関与の理想が高いのか、実際に育児関与してないのか、そのあたりはわかりかねますが、いずれにしても、おそらく近年の男性の育児休業の取得が推進されているなど、男性の育児関与のモチベーションが高くなっていることが推察されます。

　しかしながら、女性はともに育児しているとあまり認識していません。皆さんは、「ゲートキーピング」という言葉を聞いたことがありますか。直訳すると「門番」という意味なのですが、男性が家事や育児にかかわろうとした際に、パートナーの女性側から、あなたがやると、下手だから、余計時間がかかるから、ややこしいことになるから、

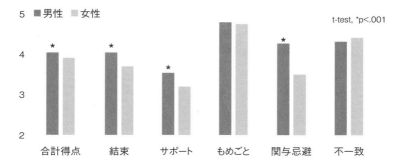

（図4）コペアレンティング関係性尺度得点　男女比較
（得点が高いほど良いコペアレンティング関係にある）

などと言って、門番のように立ちはだかり、男性が家事や育児に入るのを妨げていることを示します。

　これを読んでいる女性の皆さん、何となく心当たりはありませんか。女性もまた、男性が一緒に家事や育児を行おうとしている思いや態度を理解する必要がありそうです。

　次に、子どもの年代別に比較してみます。（図5）は、縦軸にCRS得点、横軸には合計と下位尺度項目を示し、色が濃いほど子どもの年齢が高い親であることを示しています。

　年代別に比較した結果、合計得点、そして【育児サポート】【パートナーの育児関与の忌避】【育児の不一致】において、0歳児を持つ親の方が、4歳児や5歳児を持つ親よりも高い得点を取っていました。0歳を持つ親の方が得点が高いことは、出産前の両親学級や父親学級などで知識を得て間もないことから育児関与への短期的効果があるものの、子どもの年齢とともにその効果が薄れているのかもしれません。

第2章 出産前教育としての「コアペアレンテイング促進プログラム」の実践

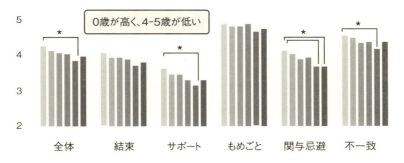

（図5）コペアレンティング関係尺度得点　子どもの年代別比較
（得点が高いほど良いコペアレンティング関係にある）

また4、5歳児というのは、2年保育の幼稚園入園の時期であり、子どもの生活習慣が大きく変化することで、夫婦間の育児をともに行っていく関係性も影響を受けている可能性があります。

　小学生くらいのお子さんをお持ちの方は、生まれたころと比べて家事や育児の仕方やお互いの役割分担が少しずつ変化していませんでしたか。

コペアレンティング促進プログラムの実践

　私たちは、2019年から滋賀県近江八幡市の協力を得てコペアレンティング促進プログラムのクラス（以下コペアクラス）をスタートいたしました。
　しかし、新型コロナの流行により国内においても移動の制限、対面での活動の制限がかかり、急遽オンラインでも行えるクラスを作成し

ました。近江八幡市では個別に行っていただいたりなどコロナ禍でも
工夫をされながら細々と継続いただきました。

　東北大学（前職）のスタッフによるオンラインクラスは、最初は妊
婦向けのメールマガジンの配信を行ったりしましたが、集客は今一つ
でした。

　そこで、仙台市の協力を得て、募集チラシを母子手帳交付時に、様々
な情報パンフレットと一緒に配布していただきました。当時、医療施
設で行われている出産前教育はほぼすべての施設で中止となり、妊婦
健康診査での通院も妊婦本人のみ、必要最低限となりました。そのよ
うな中、オンラインでのクラスは需要が高く、募集を開始するとあっ
という間に満員となりました（開催回数；図6参照）。

　その後、医療施設が主催するオンラインの出産前教室や、動画配信
などが盛んになり、“出産前クラスのオンライン教室”は、いったん
落ち着いたようにも思います。最近では産後の育児のことを学ぶクラ
スであることを認識して受講してくださる方がほとんどですし、男性
の育児休業についても騒がれるようになり、男性の方の意識が高い方
もいらっしゃいます。

　2023年よりオンラインクラスは、4回シリーズをバラバラにはや
らず、2回分ずつを1クラスとして（近江八幡市ではずっとそのよう
に行っています）年間の開催回数を減らして継続しています。それに
もかかわらず、ほとんどのクラスが満員となっており、個別にメール
で問い合わせが来るほどです。

　実際の満足度についてもグラフ（図7）に示しました。とても満足
しているを10点としてクラス受講後に点数をつけてもらったところ、
クラス1、クラス2共に平均は8.7点とおおむね満足でした。実際の

第2章 出産前教育としての「コペアレンテイング促進プログラム」の実践

（図6）コペアレンティング促進プログラムの実施状況の推移

　感想を紹介すると、親になるこころの準備ができた、夫婦で時間を取って話す機会がなかったので、相手の子育てに関する考えがわかってよかった、漠然としか考えられていなかったのが、少しイメージがつき不安が少し和らいだ、など、夫婦で育児をイメージする機会となり、育児あるあるシチュエーションで、相手を思いやる大切さを夫婦で確認できたことがとてもよい機会となっていました。また、自分たちとは異なる他の夫婦の考えを聞くことで、いろいろな意見があることを知ったり、自分たちはこれでいいんだという確認を取る機会となっていました。それぞれの夫婦で大切にすること、妥協できることなどが異なるため、それぞれの夫婦の意見に対しては、どういうところがとてもよいのかを理由をつけながらフィードバックをするようにしてい

全体的満足度 （〜2023.12まで）

- クラス1（クラス1-1、クラス1-2も含む）
  （のべ679名）

平均＝8.66、中央値＝9.00

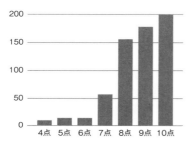

- クラス2（クラス2-1、クラス2-2も含む）
  （のべ500名）

平均＝8.78、中央値＝9.00

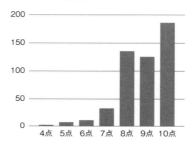

- クラス1、クラス2共に、全体的な満足度は8〜10点に多く分布。

（図7）コペアレンティング促進プログラム参加者の満足度

ます。

今後の方向性について

　妊娠・出産・育児というライフイベントは、もはや女性だけのことではなく、夫婦で取り組むイベントとなっています。核家族化が進んできた日本において、女性の育児負担が問題となり、男性を何とか育児に巻き込もうとイクメンプロジェクトなどに取り組んできましたが、日本独自の里帰りの文化により、なかなか出産直後からの男性の育児関与は進みませんでした。

　しかし、昨今の新型コロナによるステイホームや国内においても地

第2章 出産前教育としての「コアペアレンテイング促進プログラム」の実践

(図8) 育児休業取得割合の推移

域をまたいで自由に行き来ができなくなった際には、里帰りも難しくなり、また男性もステイホームで在宅ワークが多くなることで家庭の滞在時間が長くなり、育児に参加せざるを得ない状況となりました。

男性の育児休業取得の確認が義務化され、男性も育児関与についての意識は高くなり、育児休業取得希望者も多くなり、実際の取得者もここ数年で急激に増加しています（図8）。

育児は実際にやらないとわかりません。そして、女性の出産退院直後から、一緒に育児を行った男性は、人生の中でとても貴重な体験をしたという感想を持つ人が多いです。日本人は「和」を重んじる文化です。これまでの慣例を大切にし、和を乱さず、自分の意見を強く主張しません。そういう文化の中にいる男性が、もっと育児関与してい

47

くためには、出産直後4週間以上、パートナーと一緒にわが子を育てる、ということをしてほしいと思います。

そのために、夫婦の育児関与、役割や責任について公平となるよう、夫婦間で話し合うこと、コペアレンティングの考え方をぜひ取り入れてほしいです。

育児・介護休業法の改正案では、育児休業取得の確認をすることが義務化されましたが、パタニティハラスメントにより取得できにくい雰囲気や環境を考えると、育児休業取得自体を義務化すること、そして育児休業という名前が形骸化しないためにも、4週間という期間を義務化し、わが子の誕生と家族を築いていくライフイベントに携わってほしいと思います。

働く環境に、あたり前にこのライフイベントが存在し、休業取得する、そういう社会になっていってほしいと思います。

オンライン講座など連絡先

2024年度についても、東北大学でオンラインでコペアクラスを行っております。ご興味のある方はぜひアクセスください。
http://www.womens.med.tohoku.ac.jp/CoparentingClass_2024.pdf

また、今回ご紹介したコペアクラスは、オリジナル版のペンシルベニア大学に著作権があること、前半(クラス1-1、クラス2-1)と後半(クラス1-2、クラス2-2)をセットにした1回のクラスが3時間程度であり、それが2回(クラス1とクラス2)でフルセットとなっています。そのため、すでに行っている出産前クラスに、少しだけ要素を盛り込むような形では取り入れることが難しくなってい

第 2 章　出産前教育としての「コアペアレンティング促進プログラム」の実践

ます。そのため現在ではモジュール版コペアプログラムの作成に着手しています。講義部分が 5 分程度、個人またはペアワークができる部分が 15 〜 20 分程度で、いくつかのモジュールクラスを作成しております。コペアクラスに興味があるけどそんなに沢山の時間を取ることはできない、という自治体や医療施設の方々は、ぜひこちらを試してみてはいかがでしょうか。ご興味のある方はご連絡、お待ちしております。

QR コードから連絡先を入力していただければ、こちらから連絡させていただきます。

メールアドレス：coparenting@outlook.jp

(参考文献)

1) 第 1 回妊娠出産子育て基本調査・フォローアップ調査（妊娠期〜 2 歳児期）速報値　ベネッセ次世代育成研究所 (2011)
2) UNICEF The first 1,000days of life:The brain's window of opportunity
   https://www.unicef-irc.org/article/958-the-fist-1000-days-of-life-the-brains-window-of-opportunity.html
3) DeficitPieceCUSTOM-Generie_052714-3-1pdf
   https://heckmanequation.or/wp-content/uploads/2013/07/F_Heckman
4) FeinbergME,BrownLD,KanML A Multi Dolnain Self − Report　Measure of Coparenting.　Parent Sci Pract.　2012.12 (1), 1 − 21.
5) 武石陽子・中村康香・川尻舞衣子他日本語版コペアレンティング関係尺度（CRS-J）の信頼性・妥当性の検証　日本母性看護学会誌 2017.17(1).11-20

第 3 章

産後うつ予防プログラム「共感セッション」の実践

後藤あや
(ハーバード T.H. Chan 公衆衛生大学院)

石井佳世子
(福島県立医科大学)

男女のコミュニケーション

　出産の前に、妊娠というイベントが必ずあります。そしてその前に、妊娠するかしないかを決めるという段階があります。日本で経口避妊薬が認可されたのは、30年以上も議論を続けた上で欧米からかなり遅れて、1999年のことでした。経口避妊薬は、今は産む時期でないということを自分で意識して服用します。反対に考えると、妊娠を考える時期になったら、服用をやめるのです。つまり、妊娠を計画するということを、強く意識させられます。

　このような薬の認可が遅れていたことに関連して、日本は計画外の妊娠が多い国となっています。新しく家族を迎えるという大きなイベントを計画しないというのはどういうことなのか、そんな研究を産婦人科の研修を終えてすぐに始めました。

　はじめに行った調査で分かった興味深い結果の一つで、女性が計画外妊娠を経験するのは、配偶者が4歳以上年上であることが関連していました。

　その理由はこの調査のデータから明確ではないですが、男女のパワーバランスが背景にあるかもしれません。次の調査では、日本で多い計画外妊娠のその後について調べました。計画外の妊娠の方が計画した妊娠に比較して、母児の愛着度が低く、母親の育児の自信が低く、父親の育児へのかかわりも薄いことが分かりました。妊娠するかしないか、育児をどうするか、どちらも男女間のコミュニケーションが大切であることが伺い知れます。

第3章　産後うつ予防プログラム「共感セッション」の実践

共感セッションのはじまり

　少なくとも妊娠が分かった時期からでも、母親と父親の「協働」をスムーズにして、母親が自信をもって前向きに育児ができるようにする教室のモデルはないかなと、海外の資料を調べ始めました。

　様々なプログラムはあったのですが、どれも実施回数が多かったり、期間が長かったり、日本の保健サービスに簡単に組み込めるようなものではありません。そんな中、通常の両親学級に追加する形式の取り組みが見つかりました。

　オーストラリアのステファン・マシュー先生という臨床心理士の方が開発したもので、その効果を検証した論文の著者を見たら、聞いたことのある名前が載っていました。共同研究者の知り合いだったように記憶していたので、その縁をたどって、最終的にはマシュー先生から実施マニュアルをいただき、日本で適応する許可もいただけました。これが本章で紹介する**共感セッション**です。

　共感セッションをはじめて試したのは、福島県白河市でした。その時の記録に、以下のように記載されていました。

- 2回の練習会を経て2010年11月20日に実施した第1回目の共感セッションには、参加を予定していた5組中4組の夫婦が参加した（1組は破水により欠席）。進行は、ほぼ予定通りスムーズに行われた。第1回目の試験的実施としては、参加者の受け入れも良好で、おおむね成功であった。
- うつ傾向の母親が含まれていることは、育児困難ハイリスクケースへの早期育児支援の糸口となる。ハイリスクケースへの参加の呼び

かけを、より積極的に行い、参加者数を増やすことが望まれる。

●参加者数が少ないので解釈には注意を要するが、今回の対象者では父親の方が悩みの数が多く、父親への育児支援の大切さを示唆している。

●教室の内容としては、育児の大変な部分のみを強調しすぎないよう、形式としてはディスカッションの時間をより多く設けるよう配慮が必要である。

　試験的に実施したころから、父親が育児の悩みを共有でき、うつ傾向の母親も参加でき、夫婦の話し合いができるという特徴をもつ、受け入れの良いプログラムであることが感じ取れました。

　残念ながら、本格実施を始めようとした時に東日本大震災が起こり、すぐには効果の検証をすることができませんでした。

　以下では、このように始まった活動の続きを震災後にバトンタッチした石井佳世子先生が、共感セッションの実施方法等について説明します。（後藤あや）

産後うつ病は早めに支援を受けることが必要

　後藤あや先生からプログラムを引き継いだ私は、初めに産後うつ病について調べました。

　産後うつ病とはどのような状態なのでしょうか。一般的に、うつ病と同じような強い抑うつ症状が2週間以上続き、産後1か月以内もしくは産後6か月以内に急激に症状が起こると言われています。産後すぐに現れ、1週間程度で治療を受けなくても自然に治るマタニティブルーズとは異なります。産後うつ病は早めに診断や支援を受けること

第3章　産後うつ予防プログラム「共感セッション」の実践

が大切です。環境調整だけで治る方もいますし、症状が重くなれば精神療法や薬が必要な方もいます。出産後の母親の約10～15％がかかると言われていて、決して稀な病気ではないのです。

　産後うつの代表的な2つの症状に「気分が落ち込むこと、憂うつな気もちになること」、「物事に興味がなくなること、楽しめないこと」があります。その他の症状には、育児不安が強い、食欲がなくなる、眠れない、疲れやすい等の症状があります。

　母親が産後うつになるとどのような影響があるでしょうか。第一に子どもへの重大な影響があると言われています。子どもを育てられない、もっと悪くなれば子どもへの虐待につながり、将来の子どもの発達にも影響すると言われています。子どもを育てるためには、まず母親が心も身体も健康でいなければなりません。クラウセンのポットの図というものがあります（図1）。医療者からのケアや家族の支援というポットが母親のポットを満たしていきます。母親のポットが満た

（図1）クラウセンのポットの図
ClausenJ,et al.(1973):Maternity Nursing Today.McGraw-Hill.p398 を参考に小黒道子が作成した図（有森直子編：母性看護Ⅱ 周産期各論．医歯薬出版株式会社．2020）を参考に作成

されると、子どものポットに母親の愛情が注がれるという図です。つまり、自分が満たされなければ、子どもを満たすことはできないのです。

なぜ産後うつを予防する必要があるのか

　さらに、産後うつは妊産婦の自殺にも関係があることがわかっています。森崎らの報告によると東京都23区の妊産婦の死亡原因について調べた結果、妊産婦の死亡原因は病死よりも自殺が多いことがわかっています。そして、自殺者の4割から5割がうつ病などの精神的な病気にかかっていました。つまり、妊娠中や産後のうつ病を防ぐことは母親の命を救うことにもつながるのです。また、母親の産後うつは父親のうつと相互に関係しあうことも言われています。お子さんが生まれたばかりの父親のうつの割合も10%近くあると言われていて、最近では父親のうつも注目されています。

　産後うつはどのような人がかかりやすいのでしょうか。

　初めての出産、精神的な病気にかかったことがある、妊娠中からうつ傾向がある、さらに夫（パートナー）からのサポート不足が関係していると言われています。最近は核家族化が進み、地域の支え合いが減っていることから、育児のサポートは夫（パートナー）が中心となり、今後さらに夫への負担が増えていくことでしょう。夫も育児の主役です。夫だけに頼るのではなく、実父母、義父母、友人、行政機関など、できるだけ多くのサポーターを妊娠中から作っておくことは必要だと思います。

第３章　産後うつ予防プログラム「共感セッション」の実践

妊娠期から産後うつを予防する共感セッションプログラム

　今からご紹介するプログラムは夫婦同士の話し合いを通じて、夫が妊娠期にある妻の体験を理解し共感を高めることで、母親の産後うつを予防する効果があると言われています。

　このプログラムの大事な部分は、産後ではなく妊娠中に夫婦が一緒に参加するところです。妊娠中から産後のイメージを持って、「こんなことがあったらどうする？」と話し合うプログラムです。**産後に夫婦の関係が悪くなってから話し合うのでは遅いのです**。共感とは「他人の感情や経験を、あたかも自分自身のこととして考え感じ理解し、それと同調したり共有したりすること」です。私の理解は、遠くからあの人は大変そうと思うだけでなく、その人と同じ場所まで下りてきて寄り添い、相手が今感じている状況を自分のことのように感じることだと思っています。

　私も、夫に共感してもらえたと感じ、心に残っているエピソードがあります。退院後すぐには、十分に母乳が出ないことはよくあるのですが、私も十分に母乳が出ず、おっぱいを吸っているわが子に泣かれ、授乳後３時間もたずに授乳することが退院後数日間続きました。そんな私の姿を見て、家族からミルクを足すように勧められ、精神的にとても落ち込みました。そんな私の気持ちを夫は感じとったのでしょう。ある日、夫が育児雑誌を買ってきて、家族に雑誌を見せながら「**赤ちゃんは生まれた時にお弁当と水筒を持っているから、最初は母乳が少なくても大丈夫なんだよ**」と説明してくれたのです。夫が私の気持ちを察し、辛さを理解し、味方になってくれた、これが共感なのだと思い

57

ます。
　共感セッションはオーストラリアでは複数回の両親学級の一つとして取り入れられていますが、私たちは妊娠中に1回行う方法で行いました。2時間程度で夫婦や男女に分かれたグループ単位の話し合いを中心としたプログラムです。プログラムが終了した後は1週後（妊娠中）に、産後の役割をどちらが担うかを確認する「役割分担リスト」資料を郵送し、産後1か月半頃に、相手が自分の気持ちをどれだけ理解しているかを確認する「相手の気持ちチェックリスト」の資料を郵送します。

プログラムの実際——悩みチェックリストを使った話し合い

　第1段階として、赤ちゃんにかかる費用や今が赤ちゃんを産むのに適当な時期なのか等、（表1）の17項目の悩みをチェックするリストを使い、「とても心配」「少し心配」「全く心配ない」の3項目からだれにも相談せずに記入します。次に、このチェックリストを使い、最初はママ同士、パパ同士の男女に分かれて話し合い、次に夫婦で話し合います。
　チェックリストの中で男女共に心配な項目として多かったのは、「赤ちゃんにかかる費用について」「親になる責任について」「赤ちゃんがいることが仕事に与える影響について」でした。男性の心配事として特徴的なのは「ママが赤ちゃんと家にいることに退屈したり孤独に感じたりするかもしれない」「仕事や趣味を続けることを、ママが腹立たしく思うかもしれない」でした。このことから、男性は女性が産後どのように過ごし、夫（自分）のことをどう思うのかを妊娠中から心

第3章 産後うつ予防プログラム「共感セッション」の実践

(表1) 悩みチェックリスト

お腹に赤ちゃんがいるときに、親が考えたり心配になったりするものごとをあげてみました。
1つ1つについて、あなたはどのくらい考えたり心配になったりするかを教えてください。

		全く心配ない	少し心配	とても心配
1	赤ちゃんにかかる費用について			
2	赤ちゃんが産まれてからの私たち夫婦の関係について			
3	私たちのどちらかが「それなりに良い」親になれるか			
4	赤ちゃんが産まれてからの私たちの親との関係について			
5	赤ちゃんが産まれてから家庭で十分な手助けや支えが得られるかどうか			
6	私たちのどちらかが赤ちゃんを好きになりにくいのではないか			
7	赤ちゃんがいることで私たちのしたいことができないのではないか			
8	(私たちのどちらかが赤ちゃんと家にいるために仕事をやめる場合) 仕事をやめなければよかったと思うのではないか			
9	親になる責任について			
10	私たちのどちらかの外見的な変化について			
11	赤ちゃんのいることが仕事に与える影響について			
12	私たちのどちらかが赤ちゃんと家にいることに退屈したり孤独に感じたりするかもしれない			
13	私たちのどちらかが仕事や趣味を続けることを腹立たしく思うかもしれない			
14	家事・育児の分担を思うようにはできないかもしれない			
15	私たちのどちらかが家をものすごく整頓しておきたいと思うのではないか			
16	私たちのどちらかが親であることに落ち込んだりうまくいかなかったりするのではないか			
17	今が、赤ちゃんを産むのに適当な時期なのかどうか			
18	他に心配なことがあれば、記入してください (　　　　　　　　　　　　)			

配しているようです。一方、女性に特徴的な心配は「私たちのどちらかが親であることに落ち込んだりうまくいかなかったりするのではないか」「家事・育児の分担を思うようにできないかもしれない」でした。女性は産後の実際の生活をイメージし、不安を抱えていることがわかります。

男女によって「話し合い」の感想が異なる

　男性に好評なのが、男性同士の話し合いです。

　「もっと男性同士で話し合う時間が欲しかった」と感想を書く方が多いです。妻の妊娠中に男性同士で話をする機会、いわゆる「パパ友」を作る機会がないのだと思います。一方、女性は「夫婦の話し合いができてよかった」と夫婦で話し合いができたことについて感想を述べる方が多いです。

　話し合いのファシリテーターをやっていると、男性同士の話し合いには、特に女性のファシリテーターは入らない方がよいことに途中で気づきました。

　男性グループを見ていると、始めは会話が弾まないものの、最後のころには笑い声が聞こえ、笑顔が増えていきます。

　一体何の話をしているのでしょうか。女性グループの方はママ友を作って女性同士で話す機会が多いからか、私達専門家に聞いてもらいたい方が多いように感じます。次に夫婦の話し合いでは、会話を楽しそうにしている夫婦や会話が続かない夫婦など様々です。会話が続かない場合には、ファシリテーターが夫婦の間に入ることも必要と感じています。

第 3 章　産後うつ予防プログラム「共感セッション」の実践

プログラムの実際——産後「大変な日」のシナリオを使った話し合い

　第2段階として、(表2)のように、産後の大変な日のシナリオを使って、夫婦を2～3組集め、合計4～6名で話し合いを行います。「産後ってこんなに大変なの？　今から気分が盛り下がった」という感想をいただいたこともあり、大変な日ばかりではないけれど、時にはこのような大変な日もあります、その時にどうしたらよいのかを今から夫婦で話し合っておきましょうと説明を付け加えています。
　これらの話し合いの中で、夫婦によってかけてほしい言葉が異なるためNGワード、OKワードなどについて、意見を出し合いながらどのようにかかわったらいいか考える機会とします。

(表2)　「大変な日」のシナリオ

第2段階	産後「大変な日」のシナリオにおける解決策の話し合い
ママが1人で赤ちゃんと家にいます。赤ちゃんはぐずってばかりで（おなかがすいているとか、ただ泣いているだけとか…）、こんな日がもう3日も続いています。ママは買い物や気晴らしをしようにも、全く外に出られません。パパがいつもの通り夜8時に家に帰ってきました。帰宅して直ぐ、パパはどのような声かけをすればいいのでしょうか？　何をすればいいのでしょうか？　そして反対に、どのような声かけ、または行動がママの手助けにならないのでしょうか。	
「大変な日」を設定したシナリオ	
○　NGワード・行動とは ○　OKワード・行動とは	

61

プログラムの実際——産後の説明と対応策の提示

　話し合いの最後に、産後に起こりうること（喪失感、孤独感、自信の喪失、疲れ、不安感）についてとその対応策を説明しています。ここで、必ず男性に伝えていることが二つあります。1つ目は「ママはただ話を聞いてくれるだけでいいと思っている場合もある、必ずしも解決を求めてはいない」ことです。2つ目は、妻の状況を早めに把握することです。赤ちゃんが大人しくて夕飯を作れる日もあれば、一日中機嫌が悪くてパジャマのまま過ごす大変な日もある、今日がどんな日だったのかを帰ってから知るのではなく、帰る前に「今から帰るけれど、夕飯のお惣菜とか、買って帰る？」と連絡をすると、事前に妻の状況がわかり、心構えができます。女性に対しては、「私の気持ち、言わなくてもわかるでしょ。察して」と相手に期待をしないこと、「してほしいことは言わないと伝わらない」ことを伝えています。

　プログラムの途中から、パパ目線からの説明も付け加えました。きっかけは「このプログラムはママを中心に作られていますよね」という参加者の言葉でした。パパが今日どんな一日を過ごしたのかをママは知ることができません。パパも今日は仕事がうまくいかず、一日中駆けずり回って、ご飯を食べる暇もなかったのに、それでも元気に「ただいま」と帰ってきて育児を手伝っているかもしれません。そのため、今日がどんな一日だったのかを夫婦で共有し、「今日はお互いに大変な日だったね」と話せると良いですねと話しています。

第3章　産後うつ予防プログラム「共感セッション」の実践

プログラムの効果～父親の共感性が高まると母親の産後うつが良くなる～

　このプログラムに参加した方のアンケートを使って、妊娠中と産後の共感性や産後うつの状況を調べました。その結果、プログラム参加者60名において、父親の共感性が妊娠中よりも産後に高くなると、母親の産後うつが良くなる傾向があるとわかりました。つまり、父親の共感性を高めることは母親の産後うつを予防することにつながるのです（図2）。

　さらにプログラムの結果から、産後うつは父親の共感性以外に「妊娠中のうつ」も関係していることがわかりました。

　つまり、母親の妊娠中のうつが高いと産後のうつも高くなりやすいのです。このことから、医療従事者は、妊娠中から母親のうつを早めに発見し、丁寧な支援を続けること、妊婦の周りの人も妊娠中から気

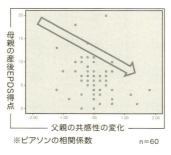

（図2）　プログラムの効果

分の落ち込みがある場合、産後にできるだけ母親一人にストレスがかからないように育児に協力したり、母親の気持ちを汲み取る力が求められているようです。

　共感セッションの参加者は、妊娠中のうつ傾向の割合が全国に比べて高く、家庭内での困りごと、体調不良、行政や民間機関等への相談が多いことがわかりました。体調がよく、仲良し夫婦が参加するという予想とは反対に、このプログラムは妊娠中から不安を抱える人が集まるため、参加者には妊娠中から産後まで丁寧に関わる必要があると思います。

ご興味のある方は是非ご連絡いただけますと幸いです。
〈共感セッションプログラムに関するお問い合わせ先〉
石井佳世子
〒960-1295
福島県福島市光が丘1番地　福島県立医科大学　看護学部
E-mail: kayokoi@fmu.ac.jp

第 4 章

産前からの親準備教育
「親になるための講座」

なにも準備しないと二人は同時に親になれない

柴田俊一
（常葉大学）

子どもが産まれた瞬間、二人は同時に親になるけれど

　結婚をして、妊娠をするといずれ破水が起こり、陣痛がはじまり赤ちゃんが生まれます。そしてこの出産をへて、夫婦二人は法的には同時に親になっています。ところが、親としての意識、覚悟、準備状況など、二人は実は同時に親になれていないことのほうが多いのです。このズレが実はけっこう深刻な問題に発展していく可能性があることが分かっています。このズレが起こることを知らないまま産後を迎えると夫婦ともお互いにつらい思いにさいなまれるようになる恐れが多いのです。何も準備しないと、この傷口が大きくなってしまう可能性が高いのです。

　女性は、妊娠がわかってから母子手帳をもらい、多くの人は「つわり」を体験し、おなかのなかの赤ちゃんが動くのを感じます。また妊婦健診のおりに、超音波画像でわが子を見ることもできます。さらに、破水、陣痛、出産は始まったら止めることはできません。産まれてすぐに母乳をあげる準備にとりかからねばなりません。この日から、2時間から3時間おきの授乳が絶えることなく始まることになります。この一連の経験の中で女性は、かなり自然に「母親」になっていく意識が育っていきます。

　ところが一方の男性はどうでしょう。生理的な変化はほぼありませんし、妻がつわりの時期に連動して調子の悪くなる男性もいるようですが、胎動も感じることはありませんし、陣痛も出産も経験しません。どちらかと言えば、意識だけで「父親」になるのだな、「ならねばならぬ」と思っているだけです。近年、男性も分娩に立会い、出産その

第4章　産前からの親準備教育「親になるための講座」

ものは疑似体験的に、生まれる瞬間に付き合う男性も増えてきています。その意味では生まれる瞬間を共に迎えて、かなり早い時期から「父親」としての自覚が芽生える男性も多くはなってきています[2)]。

　ただし、生まれるまでの1年近くをおなかの赤ちゃんとともに過ごし、出産を迎えた女性と出産から親にいきなりなっていく男性とでは、やはり意識のズレが大きくなります。

　私は、このズレを少しでも軽くしておく必要があり生まれる前からの親になるための教育が必要であると考えてきました。

新聞記事から

　このようなことを考えるきっかけになった新聞の読者投稿欄の記事をご紹介します。

「人生」　茨城県・Y（無職・25歳）」毎日新聞2005年8月28日
　30度を上回る暑さのせいなのか、毎日イライラする日が多い。夜、2歳の娘が寝てくれると、やっと一人の時間。ため息をつきながらパソコンをいじる私に、主人が「毎日こんな涼しい中で3食昼寝付きかぁ、いいなぁ～。おれも女に生まれたかった」とぼやく。
　3食昼寝付？　冗談じゃない！　その3食を作っているのは私だし、昼寝してるのは娘だけ！　「働きに出たい」と言った私に「子どもが幼稚園に行くまでは家で子育てしろ」って言ったのはあなたじゃん！
　なぜ、いつの時代でも専業主婦という立場はこんなにも弱いのだろうか？　会社は休みがあるけど、専業主婦は完全に休める日なんて絶

67

対ないんだよ。外食に行っても子どもの食事の補佐をしたり、あやし
たりでゆっくり食べてなんかいられないんだから！　せめて土曜日の
午後くらい一人にさせて！　独身時代に想像していた結婚の理想と現
実が、あまりにも違いすぎる。まるで出口のないトンネルを歩き続け
ているようだ。確かに子どもは可愛いし大切だが、主人は…というの
が本音。結婚ってなんだろう？　恋人同士にはあった思いやりという
ものがお互いになくなってしまったのではないだろうか。この先十年
もずっと一緒にいると思うと将来が不安になってしまう。「私の人生っ
てなんだろう？」

　この投稿の夫婦は、その後、どのような子育て時代を経ておられる
でしょうか。想像すると、「より幸せな明るい家庭で健やかに子ども
が育ちました」とはなりづらいと思います。反対に、何だか関係の冷
えてしまった夫婦にはさまれて、自信の持てない、うつむき気味なお
子さんに育ってしまったのではないかと心配になります。この関係で
はとても二人目は産む気にならない可能性が高いし、場合によれば家
庭を顧みることの少ない仕事一辺倒の夫に愛想をつかし離婚に至って
いるかもしれません。[3]
　意外と知られていないデータでは、**離婚に至る夫婦の 1/3 は、子
どもが 0 歳から 2 歳の間に離婚をしています**。[4]このご夫婦もそうなら
なかったことを願います。このようなつらい子育て経験にしないよう
にするためには、夫婦がお互いを理解し、子育てを共に協力して行う
体制を生まれる前から学習しておく必要があるなと私が考えるきっか
けになった投稿でした。

第4章　産前からの親準備教育「親になるための講座」

一人の青年から親という存在になっていく

　一人の青年が、親という存在に切り替わっていく時期を「親への移行期[5]」の問題といいます。この問題は、北米では危機的な移行の問題として注目され追跡的な研究が多くなされています[6]。

　これらの研究の中から、妊娠中から「親になること」や「子ども」について学び、十分に親になる準備を行ってから出産を迎えるべきだとの活動が行われてきました。

　一方、日本では、「案ずるより産むがやすし」という言葉があるように、産めばなんとかなると楽観的にとらえられてきたところがあります。これは、出産をした若い夫婦をとりまくサポート体制が整っていた戦前の家族の状況だったかもしれません。テレビ番組の「サザエさん」のように三世代同居で、実の親である二人に見守られ、育児には隣のおばさんも口を出し、御用聞きのサブちゃんにはいろいろ頼み事を聞いてもらうことができ、裏のおじいちゃん、おばあちゃんは、あたたかく見守ってくれているという隣近所、親というサポートシステムが整っている中では産めばなんとかなっていたかもしれませんね。

　ところが現代は子育て世代の約8割が核家族で子育てをしています[7]。心のサポーターとして毎日の子育てで頼れるのは夫だけです。しかし、その夫さえ若い時期は仕事が忙しく休日の付き合いも残業も当たり前のように求められます。このような状況の現代の子育てでは「ワンオペ育児」(飲食店の夜間営業の時間帯などに、接客から調理、会計まで全て一人でこなす労働状況をワンオペレーションというところ

69

から、家事・育児を全て一人でこなす状況をワンオペ育児という）に
なる確率が高くなります。こうなると冒頭の新聞の投稿記事のように、
つらい子育て状況の中で、もやもやしている母親が多くなっていきま
す。

産後の子育て教育から、産前からの子育て教育へ

　私は、心理士として保健所勤務を経験するなかで、多くの母親が不
健康な精神状態で子育てをしていかざるを得ない実態に直面し、グ
ループで子育てについて話し合い、学び合うという講座を行ってきま
した。
　「親子こころの健康講座」のような名前で、1歳から2歳くらいの「い
やいや期」にさしかかろうとしている子をもつ親を対象に、子育てス
キルを学ぶというより、うさを発散してもらうことをねらいとしてグ
ループ・カウンセリングとしての講座を開催してきました。
　これらの講座を進めるなかで、子ども虐待の件数が、日本でも徐々
に増え始め、今年は児童相談所の受け付けた相談件数が、3万件を超
えた、5万件を超えたと万単位で増えていく実態を目の当たりにして
何とか対策を打たねばと考えはじめました。子ども虐待問題について
は、その後児童相談所に勤務もするようになり、よりはっきりしたこ
とは、児童相談所がどんなにがんばっても子ども虐待を減らすことは
できないと言うことでした。下から湧いてでてくるように、次から次
へと新たな子ども虐待のケースが発生します。これは、この発生の段
階から予防するしか減らすことはできないのではないかと私は強く考
えました。

70

第4章　産前からの親準備教育「親になるための講座」

　アメリカでは、子ども虐待の件数を 1993 年から 2005 年にかけて **半数ちかくに減らすことに成功しています**[8]。減らすことのできた要因としての大きなくくりとしては「ペアレンティング」と呼ばれている親ための学習プログラムが果たした要因が大きいと言われてきました（第1章参照）。アメリカでは、親が親になるときに学習をし、子ども虐待にならないように親としての学習をするプログラムがいくつかあります。

　日本でも、この予防という観点から親のための教育が必要だと感じ始めたいくつかのグループが、アメリカ、カナダ、オーストラリアなどから親のための学習プログラムを持ち込み、日本での普及に取り組んできました。

　私は、これらのペアレンティングプログラムの中で、カナダから導入された親教育プログラム Nobody's Perfect「完璧な親なんいない」というプログラム（以下 NP という）を広めてきました[9]。

　NP では、週1回2時間で、子どもを預けて12人程度の少人数で話し合いを中心に子育てについて学ぶ機会を作ります。学習のテーマは、そのグループごとに参加者から検討したい問題をつのり、参加者全員でその問題について話し合い、お互いの経験を語り、お互いの気づきの学習を促すような関わりを進行役のファシリテーター（グループの話し合いを促進する役割をする人）が入って行ってきます。

　私は、これらのプログラムを2002年から実施するなかで、どのグループにもほぼ共通して出される、話し合いのテーマが「いかに夫を育児・家事に協力的にさせるか」というテーマでした。

　このテーマは、どこで行ってもほぼ間違いなく出てくる話し合いのテーマで、「夫が家事・育児をやってくれない」「言わないとやっても

らえない」「ゴミ出しだけして家事をやってるという」などなど、不満が爆発といってもいいような状態になります。

　参加者の多くは、子どもが1歳から3歳くらいです。この状態になってしまっていると、ここからより育児・家事に協力的な夫に変わってもらうのは、大変です。中には、「もうあきらめた」とか「お金さえ入れてくれればいい」とか「二人目はもう産まない」とかいう話が聞こえてきます。

　ここまでくるとすでに家庭の在り方が固まってきてしまっており、大きく変化させるのは大変になっています。そこで、NP関係者一同「もう少しはやくから始めないと」という話がいつも出ていました。そんななかNPファシリテーターの仲間の一人と話あっているなかで「生まれる前から、夫婦が協力して子育てしないと大変」ということを伝える講座をやる必要があるよね、ということになりました。

　その後「親になるための講座」を作りました。

　実は、日本の母子保健行政の中でも親になるための準備教育はまったくされていないわけではありません。

　マタニティスクールとか夫婦がそろって参加する両親学級とか実際に行われています。

　私も保健所で事業として実施している講座に関わってきましたので内容は知っています。自治体や実施団体により、いくらかの特色はありますが、多くは、「沐浴指導（お風呂の入れ方）」や「赤ちゃんの出産・授乳・着替え」など、出産と赤ちゃんのケアについての学習が中心となっています。

　男性が参加する場合は、砂の入ったベストを着てみて妊婦さんのおなかの重さを体験してみるなどの体験学習は盛り込まれていますが、

第4章　産前からの親準備教育「親になるための講座」

　親になることの精神的な変化や、産後、関係が変化する夫婦関係のことや、親への移行のスピードがズレることなどの学習内容があまり盛り込まれていません。そこで我々は「精神的な意味で親になっていくこと、夫婦関係の変化、夫婦が協力して行う育児の重要性」など子どものいる家庭の運営という視点で、講座を組み立てていきました。
　当初のプログラムが次の（表１）です。産前４回、産後２回を入れて計６回を夫婦で参加することになっています。これは、実際の講座のちらしです。

この講座で伝えたいこと

　この講座を通して伝えたいことは…
①一人の青年から親になっていく「親への移行期」が男性と女性ではズレること。
②出産前後は、女性にとって一生のうちでも最も精神的にも身体的にもつらい時期であること。
③産後は、授乳を２時間から３時間おきにすることになるため、母親は寝不足になること。
④女性はホルモンのバランスの変化や寝不足により、産後はイライラしやすくなること。
⑤産後に、夫婦関係は大きく変化すること。
⑥産後に夫婦関係が悪化するカップルが２組に１組はいること[10]。
⑦夫婦がともに協力して子育てをする意識をもたないと安定した夫婦関係が維持できにくくなること。
⑧全く違う環境で育った二人の男女が結婚して家庭を築くということ

73

(表1)「親になるための講座」

生まれる前・後　親になるための講座「親なる」

―親になるための教習所に通い、せめて仮免をとって赤ちゃんを迎えましょう―

　自動車を運転する人が自動車教習所に行かず、いきなり運転したらどうなるでしょうか。あちこちで事故が起こってしまうでしょう。では、子どもさえ生まれたら、だれもが自然に親になれるのでしょうか。今までは、ほぼ、そう信じられてきました。しかし、生んでみたら、ほんとにたいへんという思いをしていらっしゃるお母さんたちがかなりたくさんいらっしゃいます。それでもお母さんは、動物として自動的に親にならざるを得ない状況が発生します。お父さんは産んでない、おっぱいもでないためどこか実感がありません。一人の青年から、親に移行していくスピードが男と女ではずれるのです。このずれが出産後の子育てをさらにつらいものにしてしまうこともわかっています。生まれる前から、親になるためのこころの準備が必要です。お二人で、よりよい子育てがスタートできるよう準備していきましょう。せめて、生まれるまでには、仮免までたどりつき路上教習（実際の赤ちゃんを抱く）が始まってもいいようにしておきましょう。でないと、お二人ともにたいへんなことになりま・・・・。

　講座内容　月1回　土曜日または日曜日に1回2時間分の講座を実施します。

回	時　期	講座内容
1	妊娠5か月	① 参加者どうしが知り合う ② 妊娠・出産・生後2か月までとはどのような時期なのかを学びます ③ 産後クライシスという現象につき学びます。
2	妊娠6か月	①参加者どうしがより深く知り合う②夫婦二人はどのように育てられたのかな（子育て親・価値観のすりあわせ）お互いが育った家庭環境・親の子育て方針などにつきチェックリストを用いて確認する作業をします。 ③夫婦の話し合い方につき、コミュニケーションルールを確認します。お互い意見が合わなかったときにどうするかを決めていきます。
3	妊娠7か月	① より深く知り合う②「もうすぐ赤ちゃんがやってくる」プログラムにもとづき、出産後心配なことにつき確認しあいます。③パパスイッチを入れるためにできること
4	妊娠8か月	①より深く知り合う②家事・育児分担について役割を決めておきます。③愛着について学びます。 ＊BP、NP、CSP、その他の子育て支援資源につき紹介
5	生後2か月	① 出産の経験をわかちあいます。 ② 実際に生まれてみて、夫婦の関係の変化について話し合います。 ③ 愛着を育てる子育てについて学びます。
6	生後6か月	① 子育て半年の経験をわかちあいます。 ② 夫婦関係の修正すべきところについて話し合います。 ③ お互いに伝えたいことにつき話し合います。

第4章　産前からの親準備教育「親になるための講座」

は、様々な葛藤を乗り越えていく必要があること。

　これらのことを主に、産前4回の講座の中に配置していきます。また、開催の回数が限られる場合には、これらの①〜⑧のエッセンスを、コンパクトに伝えていくような工夫が必要になります。

妻の愛情量の変化・産後クライシスとは

　これらの学習の中で、中心的な資料となるのが次の（図1）の資料です。これは、女性が出産をはさんで、なににどのように愛情を感じているかの時間的変化を数値化してとらえ、それを折れ線グラフ化したものです。

　注目していただきたいのは、「彼氏・夫」のグラフの変化と、「子ども」に向けられた愛情量の変化です。まず、結婚することになるわけですから、「彼氏・夫」に対する愛情曲線は、結婚にむけてだんだんと上昇していきます。しかしながら、いっしょに暮らし始めると、見えてくるさまざまな問題が表面化するため、「あれ？　うーん」となってしまうように愛情がさめていく場面もあるのでしょう。だんだん下降をし始めます。そのころ、めでたく妊娠が分かると、女性はすでに胎児の段階から、おなかの中の赤ちゃんに愛情を感じ始めます。

　出産にむけて高まっていき、途中、「彼氏・夫」に向ける愛情とは入れ替わり、出産に向け圧倒的に赤ちゃんに愛情が向いていくようになります。これは、動物として本能に組み込まれているような原始的な愛情かもしれませんが、女性の意識は、自然とそうなっていくようにできています。これが、一人の女性から母親になっていく「親への

75

移行期」の裏付けともいえる愛情量の変化です。

それに比べ、女性が夫に向ける愛情量は、20％代を下回るところまで落ち込んでいきます。問題は、その後の点線の部分です。出産直後、地にまで落ちてしまった夫に対する愛情量が、そのまま低空飛行を続け、ついには子どもが高校入学時には、ほぼゼロになってしまっているグループと、出産直後から持ち直して、だんだん上昇していくグループに描かれています。

　　この二つのグループはどこで違ってくるのでしょうか。下降線をたどってしまうのは、この章の冒頭でご紹介した新聞の投稿欄に登場した、夫のような人である可能性が高いと思われます。妻の大変さが分からず、育児・家事に協力的になれない夫は、いずれ、だんだんと

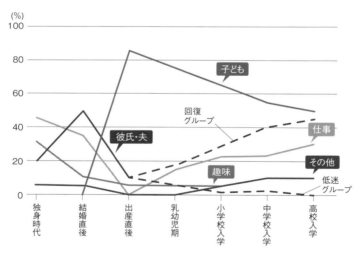

（図１）女性の愛情曲線　女性がライフステージごとに、どのようなものに愛情を感じているかの変化を測定しグラフ化したもの
（出典）東レ経営研究所ダイバーシティ・ワークライフバランス研究部長渥美由善著「夫婦の愛情曲線の変遷」

第4章　産前からの親準備教育「親になるための講座」

妻から見放され、下降線をたどることになるのではないでしょうか。場合によっては離婚に至っているかもしれません。ちなみに、子どもが0歳から2歳の間に「離婚を考えたことがあるか」というアンケートに、実に60％近くの妻が「ある」と答えているという調査結果があります。これほど、産後は、危機的な状況になっているわけです。[11]

この産後に夫婦関係が悪化する現象をとらえてNHKテレビの朝の番組が「産後クライシス」と名付けた番組を放送したことがあります。

一方、女性の愛情量が上昇に転じるグループの夫はどのような人なのでしょうか。

基本的には、家事・育児に協力的な夫ということになりそうです。第2章で紹介されている、夫婦が協力してともに育児をする状況「コペアレンティング（coparenting）[12]」の状況が高いカップルは、関係が回復していくと考えられます。また、厚生労働省の統計によれば、夫の育児・家事の時間の長いグループほど二人目が生まれる率が高くなることも調査でわかっています。[13]

実は多くのカップルは妊娠中、この事実にほぼ気がついていません。「産後に妻がきつくなった」、「妻がいつも不機嫌」などの夫の声は、かすかには聞こえているのですが、その実態につての実感がないのが平均的な産前の夫婦の状態でしょう。

このことを知らなければ、産後の夫婦間の関係悪化に対処しようがありません。そこで、この部分は、かなりていねいに産前の教育である「親になるための講座」の中で繰り返し伝えることになります。

感想文より

77

「親になるための講座」を受講していただいた参加者の感想文をご紹介します。

Aさん32歳

講座に参加して、いろいろな話を聞いたり映像をみたりして、涙が出ました。一人目が生まれて大変でしたが、夫は仕事がいそがしくまったく子育てには関わってくれませんでした。離婚する人の気持ちはよくわかります。夫のことを思うと、二人目はとても産む気になりません。イライラして子どもに手を出してしまったことがあるのが最大の後悔です。産まれる前にこの講座を夫に聞いてもらいたかった。そしたら違ったかもしれないと思いますが、今はもうあきらめています。期待しなくなったらイライラも少し減りました。

これはほんの一部分の感想ですが、実に多くの人が産後にかなり大変な思いをして子育てをしてこられ、夫の協力がいかに大切かを述べられていました。

出産がゴールのように感じるのは無理もないことかもしれません。でも出産はゴールではなく、子育てのスタートなのです。それも大変な最初の数か月がくることを多くの親は予測できていません。

産後に夫婦ともに協力的な育児ができるようにするためには

「親になるための講座」の中では、大きな目標は違う環境・違う価値観の元で育った人同士が家庭を築くという確認をして、葛藤を超えて、ともに新しい家庭を作っていくという意識を持ってもらうことで

第4章 産前からの親準備教育「親になるための講座」

す。
　そのためには、次のような作業が必要だと考えています。

①産後に夫婦関係は変化することを知り、予測しておく。
②子育ての価値観は、それぞれ育った家庭の価値観に左右されているため、その価値観の違いが生まれる前に夫婦で確認する作業をしておく。
③子育てが始まったら数々の葛藤があるが、その際にどのように話し合いをするのか、コミュニケーションを取るのかを、あらかじめ決めておく。
④家事・育児を二人でどのように、どれくらい協力してするのかを確認しておく。

　これらのことが、「親になるための講座」の中のプログラムに組み込まれていますが、講座を受講する機会のない方にも、できるだけ産まれる前にしておいてほしいと思う項目です。

今後の方向性について

　私は、今後とも、産前からの取り組みができるだけ多くの出産を控えた夫婦に提供できるよう活動を続けていきたいと思っています。産前からの取り組みを制度化するような働きかけを行政に対しても行っていきます。ご興味のある方は、次ページまでお問合せください。

産前からの親教育「親になるための講座」に関するお問合せ先
〒432-8068
静岡県浜松市西区大平台4丁目11－23
NPO法人ころころねっと浜松
E-mail　koro2net@hotmail.com
Website http://www.koro2net.com
＊オンライン講座などのお問合せは、メールにてお願いいたします。

(参考文献)
1) 狩野さやか●ふたりは同時に親になる：産後の「ずれ」の処方箋（2017年）猿江商會
2) 松永由香●夫立ち会い分娩の現状と夫婦の意識調査　日農医誌 62巻5号　P779-P789（2014年）
3) 厚生労働省●離婚に関する統計（2024年）
4) 内閣府●離婚と子育てに関する世論調査　世論調査報告書（2021年）
5) 加藤道代●（2009年）親になる移行期における母親の意識・行動の変容．静岡大学教育学部紀要，60，1-17
6) 三田村仰●親への移行期に妻側が体験する夫婦関係が危機に至るプロセス　日心第86回大会（2022年）
7) 厚生労働省●国民生活基礎調査（2017年）
8) 森田ゆり●子どもへの性的虐待　岩波新書（2008年）
9) 三沢直子●NPプログラム「完璧な親なんていない！」東京都福祉保健財団（2021年）
10) ジェイ・ベルスキー，ジョン・ケリー●子供をもつと夫婦に何が怒るか　草思社（1995年）
11) 厚生労働省●成28年度全国ひとり親世帯等調査報告（2017年）
12) 斎藤千秋他●乳幼児をもつ夫婦のコペアレンティング―国内研究の動向と課題―母性衛生　62巻4号 P811-P821（2022年）
13) 厚生労働省●第8回21世紀成年者縦断調査（平成28年青年者）（2020年）

第 5 章

産前からの子育て教室
イライラしない子育て講座

杉江健二
(一般社団法人青少年養育支援センター陽氣会)

里親として、虐待をされた子どもを引き受けて

親子2代の里親

　私は名古屋市内で約40年間、親子二代にわたり養育里親として社会的養護を必要とするさまざまな子どもたちの養育活動に携わってきました。私には既に成人した3人の実子がいますが、その3人の実子を育てるのと同じように、里子（以後、委託児童）たちと一つ屋根の下で生活を共にし、これまで50人以上の子どもたち（両親の代を含めると100人を超える）を養育してきました。
　その50人のうち委託児童の約8割が親からの虐待を経験した児童（被虐待児童）でした。現在は、ファミリーホーム（小規模住居型児童養育事業）として、妻や二人の補助者と共に5人の委託児童（全員が被虐待児童）をわが家で養育しております。

養育の難しさ

　かつて私の両親が里親をしていた時代の委託児童には非行系の子どもが多かったように思います。しかし、2000年に「児童虐待の防止等に関する法律」（通称 児童虐待防止法）が施行されたころから、被虐待児童が委託される割合が増え始めました。そのころから、両親と一緒に非行系の児童を養育している時には経験したことのないような虚無感や焦燥感、イライラした彼らの気持ちを強く感じるようになりました。
　なぜなら、彼らの多くは被虐待体験によりトラウマや親との愛着関

第5章　産前からの子育て教育

係、信頼関係が上手く形成されなかったために、人とのコミュニケーションが非常に苦手だったからです。

その影響なのか、わが家に来てからも部屋にこもり気味で、感情のコントロールが上手くできず暴力・暴言が繰り返され、養育者である私たちが疲弊するようになりました。

その経験を通して、私は**「子育て（養育）は、『思い』だけではなく、『養育スキル（コツ）』を身に付けなければならない」**ことに気づかされ、ペアレントトレーニングなどの養育プログラムに関心を持つようになりました。

「里親養育」から「子ども虐待防止活動」へ

あの子どもたちの叫び声が…子ども虐待防止活動への決意

そんな気づきを得た同じ年、2010年、名古屋市児童福祉センター（名古屋市中央児童相談所　以後、中央児相）がわが家の目の前5m幅の道路を挟んだ場所に引っ越してきたのです（写真1）。

中央児相がうちから歩いて数十歩という本当に目と鼻の先に引っ越してきてからしばらくしたある日、私は自分の児童福祉活動を大きく転換させる体験をしました。

児相から聞こえてきた子どもの叫び声

夏の日の午後でした。暑いのでエアコンを点けようと3階の部屋の窓を閉めようとした時、目の前にある中央児相から、私からその姿は

（写真１）
左：名古屋市児童福祉センター（名古屋市中央児童相談所）
右：一般社団法人青少年養育支援センター陽氣会（ファミリーホーム陽氣道場）

見えませんでしたが、おそらく一時保護所に保護されていると思われる小さな女の子の声で「**ママー、ママー**」と大声で叫ぶ声を聞いたのです。

　また、それから数日後、今度は中学生くらいの男の子が野太い声で「**なんでだよー、なんでだよー**」と叫ぶ声を偶然にも耳にしたのです。

　それまで私は長年養育里親として親子二代にわたり里親活動をしてきましたので、児童福祉分野においてはそれなりの役割を果たしきたという自負が多少なりともありました。しかし、あの子どもたちの叫び声を耳にして、私は「**本当の児童福祉とは、虐待をされる子どもたちや里親宅に委託されてくる社会的養護が必要な子どもたちをこの社会から一人でも多く減らしていくことではないか**」と強く思うように

第5章　産前からの子育て教育

なりました。

陽氣会の設立

　前述の出来事を通し、私は里親として被虐待児童の養育をするだけではなく、子ども虐待の発生そのものを減らす活動にも注力しようと決意し、2013年に「児童虐待0（ゼロ）の日を目指して！」をスローガンに掲げた「陽氣会」（現　一般社団法人青少年養育支援センター陽氣会）を設立しました。

　まさにあの時、偶然耳にしたあの子どもたちの叫び声が私の子ども虐待防止活動の原点になっています。

子育てプログラム（CPA）開発の取り組み

子ども虐待を防ぐために必要なこと―啓発活動のその先へ―

　毎年11月の「児童虐待防止強調月間」には全国で「オレンジリボン・児童虐待防止推進キャンペーン」や児童相談所全国共通ダイヤル「189（いちはやく）」のPR活動など、さまざまな子ども虐待に関する広報・啓発活動が行われます。

　こうした広報・啓発活動は、子ども虐待問題に対する社会的関心の喚起を図るためには必要なものだと感じています。

　しかし、子どもを虐待してしまった、またしそうになっている保護者に対して、「NO！児童虐待」と訴えるだけでは、その保護者の虐待行為を止めることはできません。

　これは、2004年に「児童虐待防止推進月間」が制定されて以来、

こうした取り組みが全国的に行われてきたにも関わらず、子ども虐待相談対応件数がこの 30 数年一度も減少せず、しかも 200 倍以上にも増加している点からも明らかなことではないでしょうか。

　虐待、不適切な育て方を禁止するのであれば、それ以外の適切な子育ての仕方、養育方法をきちんと保護者に教え、実行できるようにトレーニングしてこそ、子ども虐待の発生を予防することができるのだと思います。

　そのためには、まず保護者に教える指導内容（コンテンツ）が必要だと思い、2012 年から暴力や脅しに頼らない子育てを可能にする子育てプログラム「SS 式イライラしない子育て法 ®」（Communicative Parenting Approach　通称：CPA）の開発に取り組み始めました。

SS 式イライラしない子育て法 ®（CPA）とは

　こうして 2013 年、CPA が開発されました。

　CPA は「しつけは、親が家庭で行うコミュニケーションによるトレーニングである」という観点から、暴力・暴言などの脅しや強制的な力によって子どもをしつけるのではなく、親のコミュニケーション能力（コミュニカティブ・コンピテンス：Communicative Competence）を高めることによって、子どもをうまくほめたり、共感的に会話をしたり、子どもにとって伝わりやすい指示を行ったりするなど、親子のコミュニケーションの歯車をうまく噛み合わせることで、より良い子育てに近づこう」という子育て法です。

　そのために必要なさまざまな子育ての場面で役立つ子育てスキル（コツ）を（図1）の7つのセッションに分けて体系的に学ぶことが

第 5 章　産前からの子育て教育

子育てのコツ	セッション名
① 「子どもと上手くコミュニケーションをとるコツ」	伝わりやすい指示
② 「子どもを上手く褒めるコツ」	子どもの褒め方・認め方
③ 「子育てで大きな失敗をしないコツ」	子育てアンガー・マネージメント
④ 「子どもの問題行動を予防するコツ」	子育てリハーサル法
⑤ 「子どもの問題行動を正すコツ」	ソフトイン・ソフトランディング
⑥ 「子育てでイライラしないコツ」	過ぎたるは及ばざる期待
⑦ 「子どもへの観方を変えるコツ」	子育てリフレーミング

(図1)　CPAの7つの子育てのコツ

できます。

親のための講座の実践

委託児童（里子）の保護者への導入

　CPAを開発した後、私が日々の里親養育の中で実践するだけはなく、委託されている子どもの保護者にCPAを学んでもらうことにしました。
　すると、受講した保護者から、「目からうろこでした」「子どもが悪い事したら、ただ厳しく叱れば良いと思っていましたが、間違っていたことに気づきました」「しつけにこんな方法があるとは知りませんでした」「こんな方法があるなら、もっと早くに知りたかった」「わが家に子どもが戻ってきたら、ぜひやってみたいと思います」など、非常に良い感想が返ってきました。
　学びを続けるうちに保護者の方々の養育力が各段に向上し、その後の親子再統合を進める中で大きな安心や自信につながったことは言う

までもありません。

子ども虐待再発防止の為の保護者支援事業

　前述のように試験的に実施した委託児童の保護者へのCPAの学びの効果が、名古屋市側にも伝わり、2015年度から名古屋市の児相でCPAを用いた児童虐待の再発防止を目的とする「保護者支援事業」（正式名「名古屋市児童相談所における子ども虐待再発防止の為の保護者支援事業」）が開始されました。

　この事業は、名古屋市の児童相談所が継続的に指導を行っている在宅案件に関わる家族の中で、特に再発防止の支援が必要であり、かつこの事業による援助に同意する保護者に対して、市内の児童相談所（3ヶ所）において、児童相談所長の委嘱を受けたCPA講師が、月に2回程度、1回だいたい2時間の講義及びロールプレイングを中心とした実践的な子育ての練習講座を全8回（もしくは5回）実施するというものです。

再発防止事業の効果

　名古屋市の再発防止の為の「保護者支援事業」おいて、虐待を行った保護者がCPAを学んだ結果、一時保護解除後の再発率が34％→13％と大幅に減少したことが名古屋市児相の調査で明らかになりました（図2）。

　その効果は2023年の日本公衆衛生学会において「児童相談所における保護者支援事業の効果（江崎道代、石井英子 名古屋市千種保健福祉センター 2023年10月）」として、また「2023年度子ども・子育て支援推進調査研究事業：保護者支援プログラムのガイドライン策

第 5 章　産前からの子育て教育

子ども虐待「0」への挑戦

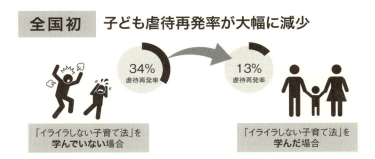

（図2）再発率の変化

定及び好事例収集のための調査研究」（三菱 UFJ リサーチ＆コンサルティング 2023 年 5 月）において「親子関係再構築支援に関する取り組み事例集」の一つとして取り挙げられています。

予防教育のたいせつさ

再発防止から発生予防（予防教育）へ

　名古屋市の「再発防止の為の保護者支援事業」において、虐待をしてしまった保護者の虐待再発防止に一定の効果があると認められたCPA ですが、この事業に係る人的、時間的、コスト面の負担は決して少なくなく、またいくら効果があるとしても、虐待を行ったすべて

89

の保護者に対して本事業を実施することは現実的には不可能です。また、そもそもどんなに保護者が受講後に変わったとしても、既に虐待に遭った子どもたちの過去や記憶を変えることはできません。

　病気になってから治療するより、病気にならないように予防に注力する方が良いに決まっているのと同様に、虐待ケースになってしまう前の段階で保護者に適切な子育ての仕方を学んでもらう方が、虐待の発生を予防でき、子どもと保護者の両者にとって良いに決まっています。

　この着想から2015年度より名古屋市において子ども虐待の発生予防事業として「イライラしない子育て講座」が始まりました。

イライラしない子育て講座

　本講座は開始以来、わかりやすくすぐに実践できる内容が多いとの評判です。

　子育て中の保護者を対象に、区役所や児童館、保育園、幼稚園、学校などさまざまな場所、またオンライン上で開催されています。

　現在は名古屋市以外の地域（明石市、川西市、湯沢市）でも事業化され、これまでに全国で延べ929回14,236名の保護者や子育て支援者が受講しています。また「イライラしない子育て講座」の指導者育成も行っており、トレーナー資格認定講座も各地で開催され、現時点（2023年）でトレーナーは全国に800名以上にのぼります。

　「イライラしない子育て講座」は、「再発防止」事業として実施されているだけではなく、「発生予防」のためにハイリスク家庭の保護者向け（発生予防①）や子育て中の一般の保護者向け（発生予防②）の講座としても展開しています（図3）。

第5章 産前からの子育て教育

（親向け）

（支援者向け）

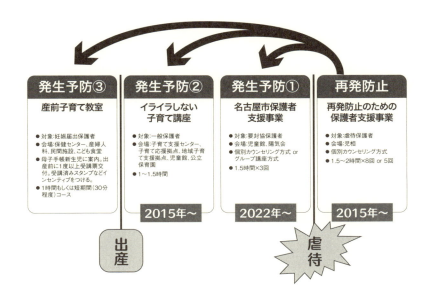

（図3）包括的子育て学び支援事業－名古屋モデル－

産前子育て教室の必要性

　しかし、実は出産を経て子育てが始まってからの学びでは開始時期が遅いと感じています。

　なぜならば、ひとたび子育てが始まると、家庭の中での父や母としての役割がある程度固定化されてしまい、その後、その役割を変えることはなかなか難しいからです。

　また、そうした夫婦間での子育てに対する考え方のズレから夫婦の仲が悪くなることもよくあることです。

　その他にも子育て教室を産前に開催する理由は、いくつかあります。

● 参加しやすいこと
　出産後は子育てに忙殺され時間的余裕がなく、また幼い子どもを連れて会場まで出かけていく負担が大きいが、出産前ならばそうした問題がなく参加しやすい。

● 親のモチベーションが高いこと
　特に第一子出産前の夫婦は両方とも親になることへの希望や喜びが大きく、受講に対する親の高いモチベーションが見込める。

● 高い予防効果が見込めること
　そもそも何も知らずに子育てを始めるよりも、事前に学んでおいてから子育てを始めた方が、子育てにつまずく可能性が低くなり親子双方にメリットがある。

● 子育てに対する夫婦の足並みが揃いやすくなること
　母親は妊娠と同時に親になる自覚が生まれるが、父親は出産して子どもに触れてはじめてその自覚が生まれる。その二人のタイムラグが産後の子育てや夫婦関係に大きく影響するので、産前に夫

第 5 章　産前からの子育て教育

婦で子育てを学ぶことによって「二人同時に親になる」準備ができ、その結果、産後クライシスなどのリスクを軽減できる。

以上の点から産後ではなく、産前から親になるための心構えや夫婦間コミュニケーションや、子育ての仕方などについて学び親になる準備を進める教室、「産前子育て教室」（発生予防③）が必要だと考えます。

産前子育て教室の実際

すでに名古屋市では市の職員や妊娠中の方を対象とする「産前子育て教室」を試験的に実施しています。

そこでお伝えしていることは「親になっていくあなたに知っておいてほしい子育てのコツ」と題して主に以下の3点の内容です。

1. 夫婦間コミュニケーションのコツ
「名キャッチボーラー」「ネギラー」「ソッカーマン」
2. 親子間コミュニケーションのコツ
「伝わりやすい指示の仕方」「オットセイ理論」「マルトリートメントに陥らないために」
3. 子育てとお金のはなし

アンケート結果は

一番直近に実施した「産前子育て教室」の受講後のアンケート結果（紙面の都合で質問項目の一部のみ掲載）は（図4）のようでした。
- ●参加者：58名（回答者58名）
- ●日時：2023年12月20日
- ●場所：名古屋市中土木事務所会議室

① 講義の内容を理解することはできましたか？

1	理解できた	54
2	だいたい理解できた	4
3	あまり理解できなかった	0
4	理解できなかった	0

② 講義の内容に満足しましたか？

1	満足した	50
2	おおむね満足した	8
3	あまり満足できなかった	0
4	不満	0

③ 講義で学んだことを今後の子育てに活用できると思いますか？

1	活用できると思う	51
2	だいたい活用できると思う	7
3	あまり活用できると思わない	0
4	活用できるとは思えない	0

④ この講座は妊娠期の方を想定した内容としていますが、どの時期に受講すると最も効果的だと思いますか？

1	子どもを持ちたいと思ったとき	9
2	妊娠期（出産前）	30
3	出産後すぐ	6
4	子どもが乳幼児のとき	4
5	子どもが小学校に入学して以降	0
6	どの時期でも構わない	7
7	その他	2

(図4) アンケート結果

第5章　産前からの子育て教育

　アンケート結果から、親になる前、もしくは親になって直ぐの時期に、産後の夫婦や子どもとのコミュニケーションの仕方、適切な子どものしつけ方を学びたいというニーズが高いことがわかります。

　「産前子育て教室」では、子どもが産まれてくる前に、産後の夫婦の関係性の変化や「マタニティブルー」「産後クライシス」など産後に起こりうる落とし穴への対処法、子どもの適切な育て方・しつけ方法に関するコツを学びます。
　この「産前子育て教室」が普及し、これから親になる人達が、産前に十分な準備をする環境が整えば、産後に多くの保護者が感じているイライラ感や育児困難感を軽減でき、より良い子育てを実践できる保護者が増えるのではないでしょうか。それは子ども虐待の発生を予防することにもつながっていくはずです。

エピソード

　ある女性参加者が講義後に私のところに来られ、「第2子出産を前に夫が育児休業を取ろうとしてくれているようなのですが、絶対反対なんです。なぜなら、第1子の時も夫は育児休暇を取ってくれたんですが、結局、ずっと家に居てゲームや好きなことばかりしていて、私はとにかく腹が立ってしかたがなく、よくケンカになり、夫の育児休暇が一日も早く終わって、さっさと仕事に復帰して欲しいとずっとそればかり思っていました」とのこと。

今後の方向性

産前子育て教室の制度化

　「産前子育て教室」の普及は、日本の子ども虐待問題の根本的な解決のためには非常に重要なファクターです。そして、それはやれる地域がやれば良いという程度の普及ではなく、日本全国の保護者が産前に等しく受講の機会が与えられるようなものでなければいけません。その為には、国全体で制度化する必要があります。

　2023年4月の「こども家庭庁」発足を機に、当会は子育て支援、子ども虐待予防、少子化対策を目的とし、妊娠後から出産までの間に子どもの適切な育て方を夫婦が学ぶ「産前子育て教室の制度化」の動きを加速させていきます。それに向けて、まずは名古屋市をはじめとする地方自治体での実績を作り、「産前子育て教室制度化」に向けたシンポジウムやイベントの開催を展開していきます。

企業や学校教育での実施を推進

　2021（令和3）年の育児休業法の改正により、職場全体の雇用環境整備が進められ、これまで以上に男性の育児休業取得の促進が図られています。

　また、2023（令和5）年4月から常時雇用する労働者が1,000人を超える事業主は、育児休業等の取得状況を年1回公表することが義務付けられました。企業側も男性の育児休業取得の促進や仕事と生活の両立支援に取り組むことで、優秀な人材の確保、人材定着、生産

第 5 章　産前からの子育て教育

性の向上、企業のイメージアップといったメリットがあります。
　この機運にのって、育児休業取得を申請する従業員に対する「産前子育て教室」の実施を企業に強く働きかけていきます。
　ご興味のある方は下記までお問合せください。

「イライラしない子育て講座」に関するお問合せ先：
一般社団法人青少年養育支援センター陽氣会
HP：https://youkikai.net/
E-mail：info@youkikai.net

第6章

思春期から行う虐待予防教育

森岡満恵
(大阪府立伯太高等学校家庭科教諭)

思春期から虐待予防教育を行う意義について

生徒との関わりの中で

　産前から親になるための準備教育がなされることが望ましい理由は、虐待されたあとでは被害者の心身への影響が大きく長く残り、回復と治療が困難だからです。

　普通校の高校教員が接する生徒は、影響が軽〜中程度の生徒が大半ですが、中には重篤な影響を示す忘れられない生徒が何人かいます。

　虐待環境で育ち、当時も「私はいらん子やから」が口癖で、様々な問題行動を起こしていたため話を聞く機会が多くあり、生い立ちや現状も聞いていました。その生徒にあるショックなことが起こり、その後「私が代わりに死ねばよかった」と、いわゆる後追い自殺という形で命を絶ちました。虐待が自死の直接の要因ではないと推測できますが、同様のショックを受けた他の多くの生徒との違いはいったい何だろうと考えた時、親の気遣いや守られているという安心感などの愛情が感じられる状態と、そうではない状態の違いに思い至りました。自分が人から大事にされていないと自分自身も自分を大事にできないという悲しい結論に至ります。

　また欠席・家出を繰り返す生徒に話を聞くと「小学生当時、実母と生活していてきょうだいの中で実父とうりふたつな自分だけオヤツをもらえなかった、服も洗濯してもらえなかった」という生徒や、うつで不登校となり、話を聞くと過去に祖父・実父から性被害を受けていたことがわかったなど被虐待の経験があるのです。

第6章 思春期から行う虐待予防教育

　彼らにとっては毎日学校に通い、提出物を出し、試験を受け、卒業し、就労するという当たり前のことが困難で、教員が支え切るには多大な時間と労力が必要でした。

　また逆境体験が自己肯定感の低下につながることはKimYらが報告していますが[1]、例えば課題の提出を難しいからと途中であきらめてしまう。友人の言葉を歪んでとらえてトラブルを起こしてしまう。補習があっても、どうせ無理と参加しない。運動部に入っても人より劣るからと努力しないで、すぐにあきらめて辞めてしまう、などの残念な生徒が多く存在します。

　本来発揮されるべき力が虐待・不適切な養育によって発揮されない。自分に自信を持てないまま、学業も滞り、就職活動も思うようにいかない、社会人生活も順調ではない。そんな中で結婚し子どもを作っても、明るく楽しい子育てになるでしょうか。適切な養育になるでしょうか。

　だから、虐待は起こる前に教育で予防する、それが最善です。

妊娠してからでは間に合わないこと

　予期せぬ妊娠による生後0日目の殺人事件などはここ数年、コロナで人間関係が希薄になった影響でしょうか、よくニュースで見かけました。

　例えば妊娠と知らず中絶できる期間を過ぎ、人に言えずに出産に至り産まれた子をトイレで殺したなどです。被害者だけでなく加害者もつらかっただろう、一人でいつ終わるかわからない痛みに耐えて、あげく産まれたばかりの赤ちゃんの口をふさぎ…と想像されるような事件を防ぐために中絶避妊の正確な知識が必要です。これは妊娠してか

101

らでは遅いのです。

　また中絶避妊の知識は人によって必要な時が様々です。小学校5年で必要になる人もいれば、30歳代になって必要になる人もいます。さらに学習は自分に必要だと思えばこそ話が頭に入るものです。一般的な学習はそれなりに必要だといった共通認識がありますが、性的なことに関しては人によっては、「自分には関係ない」と拒否的な反応になる人もいます。

　ですから小学校、中学校、高校、大学とそれぞれ適切な時期に教育の機会を設けることが大切です。

高校では遅いこと

　先に挙げた中絶避妊以外にも、幼いころから正しい認識や習慣を得ることが望ましい内容があります。

　例えば、怒りをコントロールするためのスキルとして、深呼吸して10数え落ち着かせる方法は、幼いころから家庭や幼稚園保育園で何度も教え習慣づけることで身につくはずです。高校生に「イライラしてきたら、深呼吸しよう」と何度も伝え、練習もさせますが「いざという時に落ち着けるかな…」と心配にはなりますが…。

　また、ＤＶ＝ドメスティック・バイオレンスのような人を支配する行動についての理解などは、実際に男女交際が始まる前にしての関りが生じる以前に教育が行われる方が素直に聞き入れられるでしょう。

　相手を支配する言動の具体的な事例の数々を挙げて、人が人を支配することの歪んだ心根を理解しておくことで予防効果が期待できると思われます。

　さらに子どもの人権をはじめ、ワークライフバランスによる男女共

同参画社会の実現、性行動の同意などを含む包括的なセクシャリティ教育などを取り入れた人権意識の醸成も小学生のうちから十分に行っておきたいことです。

また体のプライベートゾーンに関する学習は幼稚園、保育園のプール遊びなどの機会にたびたび子どもたちに伝え、性被害と加害を防ぐことが必要です。

教わらなければ、他人の体で触れてはいけない部分があることなど、わからないでしょう。さらに幼いころから人に対する配慮を学ぶことは人権意識の基礎になるはずです。

妊娠前からやっておきたい男性の家事育児意識の変革

男性の家事育児に関わる際の意識と主体的・積極的な態度はつわりのある妊娠初期から発揮されるに越したことはありません。妊娠中に参加する両親学級の勉強では遅いのです。

そのため結婚前から男性の家事育児に対する態度の影響がいかに大きいか、例えば産後うつの場合、男性の関り度が高いと産後うつが減少することや、離婚の件数は0～2か月までに一番多く[2]、その理由は妊娠に関わる女性のホルモンの変化と男性の態度などによることを知っておくことが望まれます。

では、全男性にそれらの知識を得る機会がいつあるかというと公教育しか思い当たる場面はなさそうです。

女性の場合、妊娠・出産した近親者や友人から雑談などで情報を得ることはあっても、男性はどうでしょう。

私の行っている授業の一つに「名もなき家事」をすべて挙げさせて、家の中でだれがメインでその作業をしているか整理するという授業が

あります。

　料理する、洗濯物を干す、掃除機をかけるなどのメインの家事だけでなく、段ボールをつぶしてひもでくくる、カーテンを開ける、玄関の靴をそろえる、トイレットペーパーの補充をするなどを挙げていくと50にも60にもなります。

　まず自分で考えさせてから、グループで共有してクラスで発表させていくと、「わっ！　先に言われた！」「えーっ、そんなんありか！」などと盛り上がりながら、いかに家事の内容が多岐にわたるか、家族によっては育児や介護の内容も加わり「とてもじゃないけど一人では無理」なことが理解できます。男性は「日曜日にカレーを作った」「ゴミ出しは自分がしている」「子どもを風呂に入れている」などほんの少しやっただけで、やった気になっている人もいるかもしれません。なんちゃってイクメン、取るだけ育休という言葉がそれを表しています。そういう誤解を解消する授業を目指しています。

　男子生徒が認識を改め女性と50：50（フィフティフィフティ）の関係性で家事育児を行うためには、この授業の他、産後うつや生後1か月の赤ちゃんと母の1日の過ごし方などの授業でも、母一人で育児は無理なこと、だれかの協力がないとしんどい時期を乗り越えられないことを伝えます。またネットで離婚に至る夫婦の会話の検索し、例えば「だれが養ってると思ってるんだ」「家事育児は女の仕事」などの調べ学習を行い、男性の態度・認識を変える必要性を感じ取ってもらいたいと思っています。

　さらに3章で紹介されている「共感セッションプログラム」も取り入れています。

　また育児するのは義務ではなく権利であることも伝えておきたいこ

第6章　思春期から行う虐待予防教育

とです。父母ともに楽しんで育児するためには何が必要かと一連の授業の後に生徒に問うと、さすがに「父親の協力」と返ってきます。

レジリエンスを期待して

　虐待予防教育の意義の一つに、被虐待経験のある生徒のレジリエンス（くじけない心）を期待できることが挙げられます。
　自分が殴られて育ったのは親が単に体罰でしか、しつけの方法を知らなかったから。
　衣食住の世話はなく放っておかれたのは、親が産後うつでどうしようもなかったから。きょうだいの中で自分だけ阻害され暴力を受けたのは、離婚した父親に自分だけ似ていたから。こうした虐待された理由を知ることで、納得感が生まれ、虐待を過去のものとして心の中で整理し、親と自分への許しとなって、次へ進む力となります。
　ただし重篤な被害生徒には自らの経験を受け止め振り返ることは難しいかもしれません。ちなみに短時間しか時間が取れず、順を追って、ていねいに説明できない場合には、虐待そのものには触れず、産後うつの知識やペアレンティング、男性の協力などの内容にとどめた方が安全です。

虐待予防教育の内容について

記憶の定着と意識変革のための工夫

　同じ高校生でも虐待予防教育が明日必要になる生徒もいれば十数年後に必要になる生徒もいます。ですから、知識をただ伝達するのでは

なく意識を変革し、可能な限り記憶に残るインパクトのある授業方法・内容を検討することが必要になります。

　コロナ以降、生徒各自にタブレット等が配布され（地域差はあるが）、インターネットによる調べ学習が容易になりました。

　自ら調べて答えを探すことで学習効果は向上します。また、グループワークで自分とは異なる意見を聞きながら考えることは、意識変革をもたらします。

　重要なのは調べ学習やグループワークの問いを何にするかです。例えば体罰の肯定感の修正では「体罰が必要な時はどんな時か」と聞くと答えはもちろん"ない"です。"ない"にたどり着くまでに、「体罰はどんな時に必要だと思う？」との問いかけに対して、「万引き！」「いじめ！」などの答えが返ってきます。

　「万引きの場合はいじめの被害かもしれないし、友人に引きずられたかもしれない。単にお腹がすいてパンを万引きしたかもしれない。だから万引きした理由をまず、しっかり聞いてやること。殴ってる場合じゃない」「いじめは、いじめをするような人間を育てた親が悪い。だからまず、自分の子育てを反省して子どもに謝り、次に被害者に子と一緒に謝罪する。殴ってる場合じゃない」と解説します。

　中絶避妊では「なぜ避妊しないのか」を問い、たどり着く答えは「1回くらい大丈夫と思った」「外で出せば大丈夫だろう」などの正常性バイアスに着地します。

　台風情報があっても避難しない人の心理などで例えて説明し、正常性バイアスの心理を打破できるよう授業を進めていきます。

　妊娠初期のホルモンの変化では「妻がつわりの時、晩ご飯適当に食べてくれる？　と言われた時に夫はどうするべきか」という問いに、

第 6 章　思春期から行う虐待予防教育

「外で食べてくる」「40 点」「妻の分も買って帰る」「おいし！　70 点」「妻に何が食べられるか聞いて、さらに食べられそうなものをアレコレ考えて買ってくる、で 100 点」。「え〜っめんどくさ！」「そうやで、親になるのって面倒くさいものなんやで。だから面倒くさくても親になりたいと思える心の準備ができてから親になるんやで」と伝えます。

その他「赤ちゃんが泣く理由 6 つ考えよう」「生後 1 か月の赤ちゃんの 1 日を調べてみよう」等々の重要項目の問いを設定しています。

フルバージョンと短時間の教材について

以下は筆者が高校の家庭科で実施している子ども虐待予防教育の内容です（自分で調べ、考え、グループで共有し発表する形態をグループワークと言い、以下「GW」と表記します）。

【保育以外の授業・経済分野、家族分野】
①子育ての費用試算
　　子育てにはいくら金がかかるか試算してみて、親になる覚悟と責任について話し合う。
②"名もなき家事"を 40 以上挙げてみる
　　母親一人では家事・育児は到底無理であることを知り、家事・育児の分担について話し合いをする。

【保育分野】
①親のあり方
　　親のあり方について次のようなテーマ KJ法*を用いて GW。
　　○いい子ってどんな子？⇒大人に都合のいい子を求めていないか。

　＊ KJ法（付箋紙などを使って、出された意見の共通点をさがしまとめることによるカテゴリー分けをする方法、考案者の文化人類学者の川喜田二郎の名

107

　　　〇いい親ってどんな親？⇒完璧な親はどこにもいない。
　　　〇賢い子ってどんな子？⇒非認知力を理解する。
②中絶・避妊
　　中絶・避妊について正確に知る。
　　　〇中絶できる期日
　　　〇妊娠の週数の数え方と妊娠の初日がいつか
　　　〇アフターピルと中絶薬の違い
　　　〇なぜ避妊しないかについてGW。
③妊娠中の注意
　　妊娠中のアルコール、たばこ、薬、感染症などの影響を調べる。
④妊娠によるホルモンの変化・産後うつ
　　妊娠・出産期におけるホルモン変化の影響、マタニティーブルーズ・産後うつの状態と対処、夫の取るべき行動についてGW。
⑤０～２か月の赤ちゃんと母の１日
　　出産後すぐの母親がいかに睡眠不足で大変かについてGW。
⑥夫（父親）の役割
　　夫（父親）の役割についてGW。
　　離婚に至るNGワードとはどんなものがありうるかGW。
　　パパママのための「共感セッションプログラム」（３章で紹介）
⑦イヤイヤ期の理解
　　イヤイヤ期のメカニズムを解説。わがままや反抗ではなく、自己制御力は徐々に発達し６歳ころには我慢することを覚え、思春期～20代後半に完成することを伝え、事例についてGW。
⑧愛着の形成
　　愛着はどのように形成されるか、ネグレクト状態で育つとどのよ

第6章 思春期から行う虐待予防教育

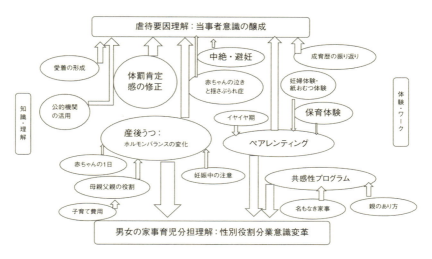

（図1）授業内容相関図

うな影響があるかなどについて GW。

⑨赤ちゃんの泣きと揺さぶられ症候群

　赤ちゃんはなぜ泣くか、様々な理由で泣くことを知ったうえどのように対応するか GW。

　厚労省作成動画『赤ちゃんが泣き止まない』を見て、赤ちゃん人形で体験し揺さぶられ症候群について知る。

⑩疑似体験

　紙おむつを手に巻いて、お湯を入れ不快感を実感する体験学習を行う。

　妊婦ベスト（おもり入り）を着て、座る、寝る、階段の昇降などの体験学習を行い、妊婦の大変さを知る。

⑪保育体験

　保育園等で、実際、子どもに触れる体験をして、子どもの可愛ら

109

しさを知るとともに、泣き止まないこと言うことを聞かないこと
などを理解する。

⑫子どもの家庭内事故

転倒転落・やけど・溺水・その他の家庭内事故がどういう状況で
起きるかとその予防策ついて調べる。

⑬成育歴の振り返り

自分の育てられ方で良かったところと嫌だったことを記述し、嫌
だったことをわが子に伝えないようにする。

⑭体罰の肯定感の修正

体罰の要因について GW し、体罰しかしつけの仕方を知らない、
ストレスのはけ口、子ども・家族の支配など体罰の要因を整理し、
体罰は必要ないこと、しつけには効果がないことなどを理解させ
る。

体罰・暴言・面前ＤＶが子どもの脳を損傷することを扱った映像
資料やトラウマの後遺症についての映像資料を見て GW。

⑮ＤＶについて

支配・被支配の関係性の歪んだ関係性が自分にあてはまっていな
いか事例で GW。

⑯ペアレンティング

「イライラしない子育ての方法」（5 章）について学び
ロールプレイで、良い関わり、悪い関わりについて体験的に学習
する。

⑰虐待の要因の理解

虐待要因に関する映像資料を見て、だれもが加害者になる可能性
に気づく。虐待要因と予防策について GW。

第 6 章　思春期から行う虐待予防教育

⑱公的機関の活用

　子育てで困った時には人に頼ること、助けてと言うことが大事だと伝える。子育てで「子どもがどうしても泣き止まなくて…」と相談されて邪険にする人はいないということを伝え、人に頼ること助けを求めることを肯定的にとらえて良いことに気づかせる。

　これらの内容をすべて行うと 20 〜 24 時間程度の授業時間を要します。前任校の必修科目の家庭基礎の授業では 16 〜 18 時間、現任校の家庭基礎では絞り込んで 14 時間。保育の選択授業では、ゆったりと 28 時間で実施しています。
　短時間バージョンの内容は、通常の保育の中の単元ごとに少しずつ入れることもできますし、妊娠初期から産後のホルモンの変化と産後うつの知識、体罰の肯定観の修正、揺さぶられ症候群の動画視聴（15 分）で 1 〜 2 時間、ペアレンティングの動画視聴（杉江健二氏：イライラしない子育て）と解説で 1 時間、最低計 2 時間あれば、少しは予防につながるのではと考えています（詳しくは筆者の著書『思春期からの子ども虐待予防教育』明石書店をご参照ください）。

　普及・拡大のために

　問題はこの教育の拡大普及です。私だけで実施していても、年に 250 人程度がせいぜいです。
　家庭科教員対象で 2020 年、大阪府全体の教員に対して「虐待予防教育」の授業実施状況と予防教育をしない理由についてアンケート調査しました。調査項目に、産後うつ、赤ちゃんの泣きと揺さぶられ症候群、体罰の肯定感の修正、虐待の要因の理解などを 35 項目につい

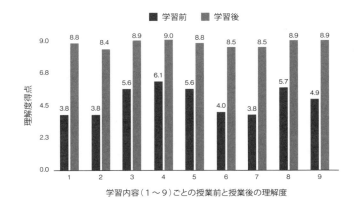

学習内容　1「夫婦げんかの影響」　2「子どもの睡眠」　3「正しいほめ方」　4「家事分担」
　　　　　5「孤立」　6「産後うつ」　7「ホルモンバランスの影響」　8「体罰」　9「揺さぶられ症候群」
＊理解度を0点（全く理解できなかった）〜10点（大変よく理解できた）として自己評価をした平均点
＊2019年〜2020年に実施した授業　N-239人

（図2）授業前と授業後の回答の平均

て聞き、簡単な内容の解説も入れ、啓発活動としました。

　「虐待予防教育をしない理由」については、"時間のなさ"が一番多く、予防教育の実施は項目によって10〜50％の実施でした。

　記述回答では18校から、被虐待経験のある生徒がいるため、どのような内容にして良いかわからない。フラッシュバックなど起こらないか心配、虐待について専門的な知識がないので、どう教えてよいかわからない、などの回答がありましたので、「虐待シーンのある動画を見せる時は、別室などを準備して授業を受けない選択肢も用意する。校内連携・情報交換を密にしておくなどの対策が必要」と家庭科研究会で被虐待生徒への対応策を報告したうえで、授業案集を認定NPO法人児童虐待防止協会から発行し大阪府の各学校に配布しました。

　一方で「望まない妊娠を予防するため中絶避妊の知識は家庭科でも

第6章 思春期から行う虐待予防教育

実施すべき」「産後うつの知識などは知っておくのと知らないのでは大違い」などの記述もあり、虐待に関する授業を非常に重要ととらえている先生方が一定数おられ、虐待への関心度は教員によって差が大きいことがわかりました。

以上のことから今後は高校家庭科にとどまらず、中学や人権ホームルーム、社会科、探求の時間でも予防教育が取り上げられていくような活動やそれぞれに適した教材の開発を考えていくべきだと思っています。

不適切な養育の予防

スマホなどでゲームを無制限にできる環境や適切ではない睡眠環境は子どもが体調を崩し、人生を損ねることから虐待の範ちゅうに入ると考えます。

現状、不登校の生徒が減少するデータはありません。不登校の要因は複合的で人それぞれですが、ここ10数年、増加しているのは学校への不満や人間関係の不安はなく、昼夜逆転によって登校できない生徒です。

現場の実感ですと学校や環境にもよりますが、不登校生徒のうち4〜6割の生徒はスマホゲームを手放し、睡眠を健全な状態にすることで不登校が解消されるのではと筆者個人としては感じています。

幼いころから、スマホやゲーム機は親が管理し、使っていい時間を親が管理し制限する。制約を守られるようにしつけすることは、子どもの健全な発達と将来を考えると栄養的に満足な食事を与えることと同じくらいに重要ではないでしょうか。

厚労省から発表された「ゲーム障害について[3]」によりますと、予防対策には

　　〇ゲームスマホの使用開始を遅らせる、使用時間を少なくさせる、
　　　全く使用しない時間を作る
　　〇家族のスマホ使用も減らす
　　〇リアルの生活を豊かにする

などが挙げられています。また「眠育（睡眠についての教育）」は堺市全中学をはじめ多くの自治体（小学校・中学校）で取り組まれはじめています。

　睡眠に関しては、子どもの養育に関心の低い親は子どもの睡眠に関しても関心は低く、遅寝・遅起き・朝ご飯なし、親の都合で子どもを振り回すという状況が伺えます。

　不適切な睡眠による脳機能の低下、心身の健康度の低下を防ぐことのできる知識は、すべての児童・生徒に与えられるべきでしょう。

　三池氏によりますと[4]、幼児の場合は

　　〇夜は7時から朝の7時までの間に10時間寝る
　　〇日による起床・就寝時刻の差は90分まで
　　〇食事時間を一定時刻にすることが望ましい

と報告しています。

　ところが、正しい睡眠環境を阻害するのが、社会の無理解と男性の家事育児意識の低さと大人の都合を優先してしまう間違った認識です。

　子育てする母親が子どもを最低9時までに寝かしつけるためには、6時の仕事終了では間に合わない場合が大多数であることを社会全体で理解できていないのが現状です。教育によって一人ひとりの意識改

第 6 章　思春期から行う虐待予防教育

革を積み重ねることで社会全体の意識を変えていくことを目指しています。

ご質問やご感想、講演の依頼などどうぞ
連絡先　m1003mmm5652@icloud.com

(参考文献)

1）Kim,Y.; Lee,H.; and Park,A. Patterns of adverse childhood experiences and depressive symptoms:self-esteem as a mediating mechanism. Social Psychiatry and Psychiatric
2）厚生労働省令和3年度 全国ひとり親世帯等調査結果報告「母子世帯になった時の末子の年齢階級別状況」
3）(独)国立病院機構久里浜医療センター依存症対策全国センター 樋口進
4）三池輝久「子どもの夜ふかし脳への脅威」(2014) 集英社

第 7 章

高校生を対象とした 「共感のセッション」の取り組み

渡邉一代
（福島学院大学）

助産師として子育て現場で感じたこと

妊娠はすでに「子育て」と同じ?!

「妊娠期から子育て期にわたる切れ目ない支援…」という言葉が世の中に出まわり始めたのはいつでしょうか。初めてこの言葉を聞いた時、「子育て支援は、妊娠してからでは遅いのでは？」「思春期からの切れ目ない支援」にしたらいいのにと率直に思いました。助産師として病院や地域で働いた経験からの思いです。

一般的に産科医療機関では、出産を控えた妊婦さんを「お母さん」、お腹の胎児を「赤ちゃん」とお呼びします。なぜなら、赤ちゃんは妊婦さんとは別の存在として（超音波診断装置で）ハッキリ見えるし、（お母さんのお腹の上から）赤ちゃんの姿勢や動きが分かるし、別の人格として確かに存在するからです。

お母さんは妊娠した瞬間からお腹の赤ちゃんへ酸素・栄養を送り、赤ちゃんはお母さんからそれらを受け取って育ちます。つまり、お母さんの身体は、妊娠した瞬間から子育てを始めます。

「妊娠は子育て」ですから、子育て支援を妊娠の早いうちから始めようというのは大賛成です。しかし、助産師として仕事をしていると、妊娠した後からその継続に悩む女性に対応することも少なくありません。妊娠したことをだれにも言えず、出産の時を迎えて、初めて病院へ訪れる、運ばれてくるお母さんもいます。妊娠してもお母さんの心が子育てを受け入れられない事例もあるのです。「予定していない、

第 7 章　高校生を対象とした「共感のセッション」の取り組み

望んでいない妊娠だったから…」と言う方もいます。
　妊娠という子育ては、女性の身体と心、そして家族や周囲の関係者のそれぞれが受容すること、そして適切な行動をとれることも大切です。

助産師として私が決めたこと

「妊娠したかな?!」と思って病院を受診される時、妊娠を希望していたり、「妊娠は想定内かな」と心の準備をしていたお母さんやご家族の場合は、「赤ちゃん」が授かった事実を知ると自然と笑顔が見られたり「良かった」「おめでとう」の言葉が聞かれます。そして助産師は、次の診察日までのお母さんの身体と心、家族や仕事などを含む周囲の調整などについて相談を受け、説明します。このようにして、健やかな妊娠の継続が健やかな出産・家庭生活へとつながるのではないでしょうか。

事例 1

　お母さんが 10 代でパートナーも 18 歳未満のカップルです。
　妊婦健康診査にはいつもパートナー側の 30 代のおばあちゃんも一緒でした。彼はお腹の上から赤ちゃんに触れて声をかけ、皆で嬉しそうに時間を過ごしていました。法律ではまだ婚姻はできませんが、お母さんは彼の実家に住んでいました。彼は高校を定時制高校へ転校し、日中は仕事をしていました。
　カップルの年齢だけを聞くと「大丈夫なの」と思いますが、皆が前向きであり「どうしてこうなれたのだろう…」と思いました。

事例2

　妊娠をしているという10代のお母さんと両親が医療機関へ来院しました。母子の状態を診察するため彼女を診察室へ案内しましたが、彼女は靴を診察室の壁に投げつけ、「妊娠するなんて思わなかった」と大声で叫び、診察中泣いていました。そして、彼女の家族も大きな声で娘さんを叱っていました。この時の診察では、妊婦であるお母さんと赤ちゃんへの祝福や笑顔どころではありませんでした。「どうしてこうなってしまったのか…」と思ったのは私だけはないように感じました。

　これらの事例は、なにが違うのでしょうか。簡単な正解はありませんが、私はなにかしないとなにも変わらないと思いました。これらの経験から私は中学校や高校、そして地域に出て行って、思春期の方々へ「生と性に関わる健康の話」を始めました。内容は、自分と他者を大切にすること、ライフサイクルに合わせた身体の発達、自分らしさ、そして対人関係の取り方などです。

思春期からの教育の重要性

思春期（青年期）の特徴

　思春期と青年期は、学術分野によってライフステージ分類の名称に違いがありますが、この章では思春期と呼びます。
　WHO（世界保健機関）では、思春期は、人生の中でも特に健康と

第7章　高校生を対象とした「共感のセッション」の取り組み

発育発達にとって重要な時期であるとし、知識や技能を身につけ、感情のコントロールや人間関係の構築を学び、大人の役割を担うための特性や能力を身につける時期でもあるとしています。

　わが国では、身体的な第二次性徴の発達年齢は低下して思春期開始年齢は早まりました。また、心理・社会的発達の成熟は、脳科学研究の進展により「前頭前野」の成熟が20代後半まで続くことがわかりました。つまり、身体と心理・社会性の発達に不均衡があるのです。身体的には次世代を産み育てる能力を獲得していますが、心理・社会的には成熟しておらず自身のコントロールや対人相互関係づくりが未熟なのです。思春期のど真ん中は、"不安の嵐""感情の爆発"の時期とも言われます。気象の台風などの嵐の時には"リスク回避"として危険から離れることが自身の安全にとって大切です。ですから、思春期の不安の嵐の時も"立ち向かう"だけではなく、"安全なところに逃げる、避難する"なども大切です。
　また、思春期のこの時期はうつ病が発病しやすい時期であることも忘れてはいけません。

思春期に子育て教育が必要な理由

　中・高校生へ子育て（親準備）の内容を含んだ健康教室を行うと、「子どもは産みたくないので必要ない」といった感想がたまにありました。
　そこで授業の始めに「子育てはだれがするのか考えましょう」と必ず質問することにしました。そして、子育てに関わるのは、母子とその家族、そして地域などの周囲の方々であることを伝えます。つま

り、子育ては社会人としてだれもが関わる必要があることを伝えています。

　社会人として子育ても関わることは当たり前と考えると、将来、自分で子どもを産んで育てたいという希望がある方も、すでに家族内で兄弟姉妹の子育てを体験しているという方も、まだ今はなにも決めていない方も思春期から子育て教育を受けるのは必要ではないでしょうか。
　この時期からの子育て教育は、社会人として必要な教育であると考えます。すでに「少子化社会対策大綱」（内閣府、2020）では、ライフプランについて考えたことのある割合の向上を示し、「第5次男女共同参画基本計画」（内閣府、2020）では、学童・思春期から妊娠・出産の知識を持ち自分の身体への健康意識を高める取り組みの促進を示しています。
　その教育内容はなにが良いのでしょうか、私の考えでは、年齢や個人の背景、社会のニーズによって異なるかもしれませんが、基本としてライフステージの発達段階に合わせた課題は重要と考えます。WHO（世界保健機関）では、「日常生活に生じるさまざまな問題や要求に対して、より建設的かつ効果的に対処するために必要な能力」としてライフスキル教育を勧めています。

若年（10代）妊娠と子ども虐待の現状

　わが国の若年（10代）の妊娠・出産と子どもの虐待について調べてみました。

第 7 章　高校生を対象とした「共感のセッション」の取り組み

　2020（令和 2）年度、わが国の 20 歳未満の「妊娠 100 に占める中絶の割合」は 59.7％でした。これは出生数と人工妊娠中絶数を足して妊娠総数として算出されています[1]。約 6 割が人工妊娠中絶をしなければならなかったことが悔やまれます。そして、出産をした約 4 割のお母さんに対して、「助けてもらいながら、上手くやれているかなぁ」と気になりました。

　「子どもの虐待による死亡事例等の検証結果等について」（こども家庭庁、厚生労働省）の第 19 次報告までを見てみました。
　若年（10 代）で出産してお母さんになる割合は全ての出産数の約 1％前後で推移しているにも関わらず、心中以外の子ども虐待死亡の事例において加害者が若年（10 代）の妊娠だった割合 16.7％でした。
　出産したすべてのお母さんは、汗をいっぱいかいて、繰り返す痛みを乗り越えて頑張って産みました。産まれた赤ちゃんは、だれにも教えてもらっていないのに、子宮の収縮に合わせて頭でグイグイと産道を押し開き、少ない酸素に耐えながら自分の力でがんばって産まれました。赤ちゃんにとって出産は人生最初の生命の危機で、生きて産まれただけでも素晴らしいです。しかし、10 代の母にとって出産後の子育ては難しかったようです。
　医療機関以外で出産をした事例もありました。勝手な想像になりますが、お母さんは出産の知識も技術もなく一人で陣痛に耐え、どれほど恐怖と不安、悲しみがあったのかと想像して辛くなりました。また、その方が次にお産をする時にはなにか影響がでるかもしれないと考えると複雑な気持ちでした。
　心中以外の子ども虐待死亡の事例における妊娠期・周産期の母体側

の問題では、「予期しない妊娠／計画していない妊娠」が32.0%、「妊婦健康診査の未受診」が28.0%でした。

　妊娠中のお母さんの身体は、ホルモンバランスが変動したり赤ちゃんを育てるために血液循環量を約1.5倍に増やしたりと大きく変化します。そして同時に精神的にも変動を起こし大きな不安を抱くのは当たり前です。ですから、予期しない妊娠でしかも母親の年齢が10代だったとすれば、気軽に相談する適当な相手が少ないのは当然で、その不安もとても強かったと想像します。妊娠中に一度も妊婦健康診査を受けることが無かったとしたら、どんなに心細く辛かったことでしょう。10代の予期しない妊娠／望まない妊娠を予防することが、子どもの虐待を予防することにつながると信じています。

学生版「共感セッション」の取り組み

学生向けの共感セッションプログラム

　共感を簡単に説明すると、他者の心を正しく理解して他者の心に沿った対応、行動をすることです。世界保健機関では、「共感」をライフスキルの主要な10のスキルの一つとしています。

　ライフスキルの増進は好ましい健康行動や好ましい人間関係を育てるには重要であり、学校の健康情報と組み合わせて教育することを推奨しています。日本では、文部科学省の学習指導要領において"思いやりの心"を「生きる力」の一つとして教育しています。

　思春期の特徴は先に述べた通りです。

　身体と精神（心理）と社会性の発達途上であるため、対人関係が円

第7章 高校生を対象とした「共感のセッション」の取り組み

滑に進まないことが多々あります。そこで、共感性を高める効果が検証されている「共感セッション」の学生版を作成して健康教育へ組み合わせることを考えました。

学生版共感セッションは、主な内容と実施形態は夫婦版と同様ですが、時間配分や意見交換の方法などに違いがあります。学生版共感セッションプログラムは（表1）の通りです。

所要時間は30分間で学校の授業で活用しやすいようにしました。オーストラリアのオリジナルプログラムでは、共感セッション演習を

（表1）学生版共感セッションプログラムの内容

内容	備考
ワーク1（2分） 「妊婦とパートナーを想像する」 設定：女性は妊娠中のお母さん、男性は妊婦さんのパートナー。 　　　メンバーは、親になる準備クラスに参加するため集まり初対面。 　　　約1か月後に出産の予定です。 行動：「自己紹介をしてください」 　　　内容① 「私を〇〇と呼んでください」 　　　　　② 「パートナーの良いところは〇〇です」	・3人〜5人で1グループ ・他者の意見を否定しない ・準備資料 ＊個人配布は下記2種類 「悩みチェックリスト」、「はじめての子育て：戸惑いと解決の秘訣」 ＊スライドまたはグループ配布「大変な日のシナリオ」
ワーク2（15分） 「悩みチェックリスト」 行動：①（相談せずに）悩みチェックリストの記入（別添資料）（3分） 　　　②メンバーで、互いの表を見せ合って、悩みについて意見交換（7分） 　　　③全体で、グループの感想や意見発表（4分） 　　　④本当の夫婦「悩み」トップ5を発表（第3章参照）（1分）	
ワーク3（13分） 「大変な日の出来事」 行動：①状況設定の確認（別添資料）（1分） 　　　②メンバーで、好ましくない声かけや行動について考える（NGワード・行動）（3分） 　　　③メンバーで、好ましい声かけや行動について考える（OKワード・行動）（3分） 　　　④全体で、グループの感想と意見発表（4分） 　　　⑤「はじめての子育て：戸惑いと解決の秘訣」説明（別添資料）（2分）	

(表2) 演習の準備と進め方

1	準　備
	・個人配布資料：①「悩みチェックリスト」 　　　　　　　　②「はじめての子育て：戸惑いと解決の秘訣」 ・スライドまたはグループ配布資料：「大切な日のシナリオ」
2	グループ編成
	・3〜5名で1グループ編成（男女の混合は自由）
3	グループワーク　　＊意見発表の際に、他者の意見を聞く
	「ワーク1」 ・設定：生徒は模擬の"約1か月後に出産予定"の妊婦または妊婦のパートナーです。今、皆さんは親準備教室へ参加しています。メンバーは初対面です。 「ワーク2」 ・「悩みチェックリスト」は他者と相談しないで記載する。 ・意見交換は最初から皆で行う。 「ワーク3」 ・「NGワード・行動」「OKワード・行動」を発表した際に黒板等に板書するとさらに理解しやすい。

講義と組み合わせて実施していたため、学生版共感セッションも講義と組み合わせて活用できるようにしました。

共感セッションを活用した健康教室の一例

ライフプラン教室をプログラムした経緯は、以前は助産師として依頼を受けて「生と性の健康教室」というテーマで講演をしていました。高校側はセクシュアル・リプロダクティブヘルスに関連する問題を改善したいという期待からの依頼でした。私も病院現場の経験からその必要性を痛感していました。そこでプログラムは、思春期の発達に合わせた健やかな身体と心そして人間関係に関わる内容に決め実施していました。しかし、「共感セッション」と出会ってからは内容が講義

第 7 章　高校生を対象とした「共感のセッション」の取り組み

（表 3）ライフプラン健康教室の内容

時間配分	ねらい	内容
導入（1 分）	・講義目標を共有して理解する	1、健康教室の目的（1 分）
過去：（13 分） これまでの自分を振り返る	・生命の尊厳の理解と自己肯定を促す ・社会と自分のつながりを理解する	1、受胎からこれまでの成長を振り返る 2、身体と心とつながる力について
現在：（16 分） 自我の発達を考える	・自我の発達過程を理解する ・コミュニケーションスキルを理解する	1、自分らしさを考える 2、他者との関わりからみる自分
将来（30 分） 共感セッション	・他者と自分の同意と相違に気づく ・他者の意見を尊重した行動を理解する ・何事も想像しているイメージと違うことが起こりえることの理解 ・目標を成し遂げるには準備が大切であることに気がつく ・育児への関心をもつ	共感セッションプログラム参照

にマッチしていたのでこれを組み合わせたいと思いました。そこで、高校の先生方とも相談して内容を検討し、このプログラムができました。

　高校生を対象にした「ライフプラン健康教室」について紹介をします。プログラムは（表 3）の通りです。

　ライフプラン教室は 2 部構成です。前半は講義形式で 30 分間、後半は共感セッション演習の 30 分間で合計 60 分間です。受講する生徒人数は試行錯誤した結果、演習を円滑に進められるのは最大で一度に約 120 名にしています。

　約 230 名の生徒へ一度に実施した時は、演習の対応が煩雑になってしまいました。場所は講義でスライドの使用が可能で、グループワーク演習ができる場所です。必要教員数は生徒数により違います。生徒が 120 名程の場合は、講師と支援者 1 ～ 2 名は必要でしょう。私は支援者にタイムキーパーと質問対応をお願いしています。

共感性を高めるライフプラン教室の効果

　高校1年生を対象に「共感セッション」演習を組み合わせたライフプラン教室を行う研究を実施したところ、受講によって共感性が約2.3倍向上する効果があることがわかりました。[2]

　先行研究によりこの演習が妊娠中の夫婦と大学生に対しては共感性を高める効果があることはわかっていましたが、高校生にも効果があることがわかったのです。[3] 共感性は15歳前後で発達するため、高校生へ共感性を高めるプログラムを行ったことは効果的だったと考えました。

　受講後アンケートの自由記載を分析したところ、ライフプラン教室プログラムは高校1年生に受け入れられたことが分かりました。分析結果は（図1）に示しました。

　分析したところ、主に4つのカテゴリーが抽出され、このカテゴリーをそれぞれ、「将来を想像する」「自分事として出産、子育てを考える」「生きることの大切さを考える」「生活を考える」と名付けました。各カテゴリーの自由記載の一部を以下に紹介します。

　「今生きていることにとても感謝しています。自分が親になった時のことを想像できました。これからとても楽しみです」
　「異性との距離感が大切だと思いました。女性と男性では考えていることが大きく違ったり、同じだったりすることが分かりました」
　「親の苦労ってこうなんだと思いました。少しだけ親をいたわろうと思いました。将来が少し明るく感じました」

第 7 章　高校生を対象とした「共感のセッション」の取り組み

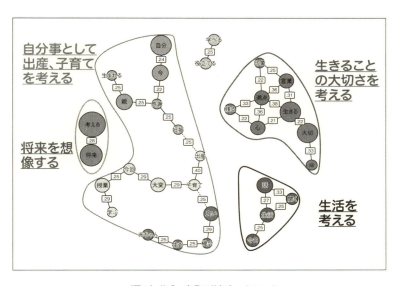

（図１）共感・意見の共起ネットワーク

「普段何気なく生活しているだけだったけれど、今日の話で、一日一日大切に生活しようと思いました」

　自己肯定の再認識や生きることの大切さ、将来を想像することがライフプランを考える動機付けとなり、アイデンティティの確立時期である高校生にとって関心のある内容だったと考えました。また親しい少人数のグループワークは、仲間を重要な情報源としてアイデンティティを構築する青少年から受容されやすい可能性がありました。

129

今後の方向性

　これまで私は、保育園に通う小児期から市民講座に参加するシニア期の方々を対象に「自分らしく生きる」を主なテーマに支援をしてきました。高校生を対象にしたライフプラン教室もその一環です。
　高校生がいつも自分の将来をわくわくしてイメージできるようになって欲しいです。
　自分が子どもを育てる希望があるか無いかに関わらず、社会人として子育てに関心を持って欲しいです。それが少子化対策につながり、子どもの虐待予防の一助になる事を願っています。そのために今後も支援を続けていきます。

別添資料
①悩みチェックリスト
②はじめての子育て：戸惑いと解決の秘訣

（参考文献）
1 ）『家族と健康』一般社団法人日本家族計画協会 2022 年第 815 号
2 ）Watanabe K, Goto A, Ishii K, et al: Implementation and Evaluation of Life28 planning Lecture to Enhance Perspective-Taking among High School 17 1 Students: A School-based Nonrandomized Waitlist Intervention Study in 2 Japan. JMA J, 4(4):339-346, 2021
3 ）石井 佳世子 , 渡邊 一代 , 後藤 あや : 看護大学生への夫婦間の共感性を 25 高 め る 育 児 支 援 プ ロ グ ラ ム の 模 擬 体 験 実 施 とその 効 果．福 島 県 立 医 科 大 26 学看護学部紀要，23:27-33, 2021

第7章 高校生を対象とした「共感のセッション」の取り組み

別添資料①
悩みチェックリスト

お腹に赤ちゃんがいるときに、親が考えたり心配になったりするものごとをあげてみました。1つ1つについて、あなたはどのくらい考えたり心配になったりするかを教えてください。

私は次のことについて考えている、または心配している：

		全く心配ない	少し心配	とても心配
1	赤ちゃんにかかる費用について			
2	赤ちゃんが生まれてからの私たち夫婦の関係について			
3	私たちのどちらかが「それなりに良い」親になれるか			
4	赤ちゃんが生まれてからの私たちの親との関係について			
5	赤ちゃんが生まれてから家庭で十分な手助けや支えが得られるかどうか			
6	私たちのどちらかが赤ちゃんを好きになりにくいのではないか			
7	赤ちゃんがいることで私たちのしたいことができないのではないか			
8	（私たちのどちらかが赤ちゃんと家にいるために仕事をやめる場合）仕事をやめなければよかったと思うのではないか			
9	親になる責任について			
10	私たちのどちらかの外見的な変化について			
11	赤ちゃんのいることが仕事に与える影響について			
12	私たちのどちらかが赤ちゃんと家にいることに退屈したり孤独に感じたりするかもしれない			
13	私たちのどちらかが仕事や趣味を続けることを腹立たしく思うかもしれない			
14	家事・育児の分担を思うようにはできないかもしれない			
15	私たちのどちらかが家をものすごく整頓しておきたいと思うのではないか			
16	私たちのどちらかが親であることに落ち込んだりうまくいかなかったりするのではないか			
17	今が、赤ちゃんを産むのに適当な時期なのかどうか			
18	他に心配なことがあれば、記入してください （　　　　　　　　　　　　） （　　　　　　　　　　　　）			

131

別添資料②
はじめての子育て：戸惑いと、解決の秘訣（一部抜粋）

喪失感
- お友達と自由に会えない。趣味どころか、お風呂の時間さえも自由にならない。
- 仕事をやめた場合は、仕事をしていた自分への喪失感を感じる。
- パパも、仕事や趣味の時間が自由にならない。
  ⇒２人で話し合ってお互い時間を調整しよう。入浴時間の確保！
  ⇒趣味は、時間を少なくする位の気持ちで続けよう。
  ⇒家族や友達に赤ちゃんをお願いして、二人の時間をつくりましょう。

孤独感
- 一日中赤ちゃんと二人きりでいると、大人の会話が恋しくなる。
  ⇒子育てサークルに参加したり、子育て仲間をつくる。
  ⇒まわりの人に自分の気持ちを聞いてもらう。

つかれ
- 子育て中は、日中の育児疲れと睡眠不足から、疲れやすくなる。
  ⇒赤ちゃんのお昼寝の時に一緒に寝るなど、十分に休息をとる。

不安
- どうしたらいいのかわからない。
- 他のパパ、ママが完璧に見える。自分は正しい育児をしているかと疑問を持つ。
  ⇒夫（妻）に話を聞いてもらう。
  ⇒誰かに話しても気持ちが楽にならなかったら、他の人に話してみてください。

パパたちへ
- 日中を職場で過ごすことが多いパパたちが、赤ちゃんと仲良くなるのは楽ではない。
- お風呂の時間など定期的に赤ちゃんと接する時間をつくる。
- パパとママの２人とも自分の時間がないことにイライラすることがある。
- 育児分担をしてお互いに自由な時間をつくる。
- 日常のことに過剰な期待をすると負担になります。
- パパは夕食が時間どおりに出てくることを期待しないで、（ママに電話などで声をかけた上で）お惣菜を買ってくるなど工夫する。
  （ママは、パパが自分の気持ちをくんで手伝ってくれることを期待しないで、して欲しいことを伝える。２人でお互いの気持ちを聞くように心がける。）

第 8 章

産前からの親のための講座を実践してみて

金子和保
(親なるサポート)

子育て支援団体として

　私は新潟県三条市で「親なるサポート」という団体の代表として活動しています。

「親なる」は「親になる」、つまり「お母さんとお父さんが二人で同時に親になる」ことをサポートする団体です。2018年に団体を立ち上げ、「子育てパパママ応援講座（＝親なる講座）」「映画『ママをやめてもいいですか!?』の上映会」「親子で絵本を楽しもう！」「子育てママのおしゃべり会」などを行っています。

　この団体を立ち上げた詳しい経緯は後述しますが、子育てに苦しんでいるお母さん達、お父さん達が「お母さんとお父さんが二人で同時に親になる」という簡単で当たり前のようなことができれば、とても楽になるということを知り、それを伝えずにはいられなくなったことが原動力になりました。

　私は、2015年〜2020年までの5年間、三条市内の公立保育所に併設されている子育て支援センターで勤務しました。その時に関わったお母さん達のつらそうな様子を見て、「何かできないか」と思っている時に、常葉大学教授 柴田俊一先生が開発、開催している「二人で同時に親になる」という講座に出会ったのです。

　そしてそれをどうしても地元三条市で開催したいという想いが強くなり、柴田先生（1章・4章担当）に猛烈アタックして来ていただくことになったのが2018年でした。

　その後、継続して「親なる講座」を開催するために「親なるサポート三条」（現在は「親なるサポート」）を立ち上げ、6年に渡り、毎年

第8章　産前からの親のための講座を実践してみて

「子育てパパママ応援講座」というタイトルで、「二人で同時に親になる」ことを応援する講座を開催しています。

子育て支援の現場で見えた子育ての現状は

子育てってこんなにつらかったっけ

　公立保育所に併設されている子育て支援センターで5年間勤務しました。0歳から入園・入所前のお子さんと保護者（父・母・祖父母）が遊びに来る施設です。
　そこで見た「子育て中のお母さん達」の印象は、関わる前の想像とは大きく異なりました。私は、自分が30年前に子育てしたころのことなどすっかり忘れ、いつもニコニコ笑顔のお母さん達が、可愛い赤ちゃんと触れ合う姿を想像していたのです。
　ところが、支援センターに遊びに来るお母さん達は、もちろん個人差はあるものの、子育てに疲れていました。疲れ果てている方もいました。でも疲れ果てながら、それでも頑張っていました。
　疲れ果てる原因は、赤ちゃんの成長・発達の不安。夜泣き。母乳の量（多い・少ない）。断乳。離乳食。トイレトレーニング。自分の育児は正しいのか。いつも睡眠不足。話す人がいない。すべてのことが自分の計画どおりに進まない。それでもやらなきゃいけないことが目白押し。友達に会えない。外食できない。経済的な不安。夫への家事育児の不満。実母・義母からの子育て方法の押し付け。体型の変化。肌が荒れる。髪が抜ける。夫からの心ない言葉、家事育児が他人事な夫、などなどです。

　子育て支援センターに集まっていたのは、不安や心配、いらいらやもやもやでいっぱいになりながらがんばっているお母さん達でした。
　もちろん赤ちゃんは可愛い。日々成長する様子を、私達職員がお母さん達といっしょに喜ぶ時間は確かにある。でも…なに、この状況？と思いました。
　子育てって、こんなにつらかったっけ？ いったいなにが起こっているんだろう？ と思いました。

出産、子育ては人格を変える

　中でも特に印象的だったのは、初産新生児のお母さんです。その姿を言葉で表すなら「挙動不審」。
　わが子を座布団に寝かせ、守るように体制を整え、赤ちゃんの周りで騒ぐ１〜２歳児さんをにらみつけ、それを叱らないお母さんをにらみつけ…。他のお母さん達と言葉を交わすこともなく、私達職員が「赤ちゃんとの生活はどんな感じですか？」と話しかけても、返ってくる言葉は少なかったり、逆に心配ごとや困りごとを延々と話し続けたりするお母さんもいました。
　その他８〜９ヶ月の赤ちゃんのお母さんでも、二人目でも、人見知り場所見知りで泣き続ける赤ちゃんとじっとしていないお兄ちゃんと一緒に来所して、職員がお手伝いしても、いつも泣き出しそうな顔をして、困り果てているお母さんもいました。
　支援センター職員初心者の私には、このお母さん達がどういう風に見えていたかといえば、「不安で、暗くて、自分勝手で、無愛想で、弱くて、困ったお母さん達」でした。
　でもこのお母さん達は、数か月、数年経ってからあらためて会うと、

第8章　産前からの親のための講座を実践してみて

元気で明るくて、自分のお子さんにも他のお子さんにも優しくて、私達職員ともよく話し、楽しそうにグチを言う「普通のお母さん」になっていました。「なった」というより、「戻った」のだと思います。

「出産、子育て」という人生の一大事の最中には、人格までが変わってしまうんだということを、まのあたりにしました。本来は明るくて元気で前向きな方でも、不安で、暗くて、弱くて、自分勝手な人になってしまうような大変さが「出産、子育て」にはあるのです。

そしてそれは、見えない所で産後うつや乳幼児虐待、産前産後の女性の自殺につながっている可能性があります。

子育てを応援するプログラム

そのような状況の中、私が勤務する子育て支援センターでは、「Nobody's Perfect（完璧な親なんていない）（NP）」というお母さんを応援するプログラムが開催されていました。講座に参加したお母さん達の顔が講座の前とは明らかに変わり、スッキリする様子を見て、「講座の中で何が起こっているんだ!?」と、とても興味深く感じました。

NPに参加したお母さん達に少しの間笑顔が戻り、その時は元気になる姿は見えましたが、それでも、支援センターで語られるいらいらや悩みは尽きませんでした。

そんな時、NPファシリテーターを対象に定期的に東京で開催される研修会に参加する機会がありました。お母さん達の不安や困りごとをどうしたら良いのかと考えていた私は、なにかヒントが欲しい一心で、柴田先生の「親なる（親になる）講座」についての研修に参加しました。

この「親なる講座」の説明の中で、女性と男性で親になるプロセスが異なること。特に女性は、動物として「親になっていく」過程が妊娠から出産に向けて自動的に進むのに比べ、男性は意識だけで親としての自覚を持たねばならないことなどを学びました。このズレが子育てが始まった時に、時として母親のイライラや、夫婦の気持ちのすれ違いに結びついていき、産後に夫婦関係が悪化するという「産後クライシス」問題にも発展しかねないことなど、新しい視点で子育て夫婦を見る視点が持てた気がしました。

　日ごろの子育て相談を受けるなかで、子育て中の母から、夫に対する不満がかなり多数でてくる背景にこの問題があったのだと気が付きました。

　この夫婦間の気持ちのズレから、夫の子育てへの協力が得られないこと諦めの気持ちを持つようになり、いわゆる「ワンオペ育児」になってしまったり、母の精神的な不調にも結びつくことがわかりました。母が精神的に追い込まれた段階が最も高くなると、子どもの虐待の背景にもなりうることがわかりました。

　夫婦が協力して家事も育児もともにする状況を作っていかないと健全な子育て家庭にならないであろうことが容易に想像されました。

　これらのこのを「親になるための講座」を通して学ぶ中で、子育てをするすべての夫婦が夫婦ともに親になる意識を持つための講座が必要ではないかと感じていきました。

「親なる講座」を地元三条で開催したい！

　何としても「親なる講座」を地元三条市で開催したい！ という想いで柴

第8章 産前からの親のための講座を実践してみて

田先生に猛烈アタックを開始しました。

そして、その頃長野県の佐久穂町で開催されていた「親なる講座」を見学させていただくことができました。すでに子育て中のご夫婦も多かったのですが、複数回同じメンバーで講座に参加して、「妊娠、出産で女性の体に、生活に、夫婦の関係に起こること」を知識として学び、不安や悩みや経験やグチを話す時間をいっしょに過ごした皆さんで、とても良い関係が築かれている様子を見て取ることができました。

その後、2017年に「三条おやこ劇場」に主催をお願いし、当時働いていた支援センターの上司からの応援に背中を押され、柴田先生を三条市にお招きして最初の「親なる講座」を「子育てパパママ応援講座」というタイトルで、開催にこぎ着けたのです。

（表１）は参加者のアンケートのまとめです。

(表１)「親なる講座」で知った出産・子育てのこと

『産前産後のお母さんの体や心に起こる変化の重大さ』
『体や心が大変な中で、お母さんだけが「親」になって、一人で「孤育て」をしているという現状』
『赤ちゃん一人を育てるには、大人三人の手が必要』
『オキシトシンというホルモンの働き』
『男性と女性の脳の違い』
『お母さんのいらいらの原因』
『赤ちゃんが生まれても「夫」または「青年」のまま、お父さんにならない男性達』
『核家族化で、赤ちゃんのことなんか何も分からないのに「お母さんなんだから出来るでしょ。」と言われてしまう、「母性神話」』
『孤独で、つらくて、不安で、苦しくて、悩んでいるお母さんがたくさんいる』
『夫婦の関係が子どもの育ちに影響する』
『赤ちゃんが生まれると、半分以上の夫婦は関係が悪化する』
『夫婦関係を悪化させない方法が、ある！』

139

産前から親に伝えておきたいこと

子育てのリアル

　（表2）は子育て支援センターに毎日のように遊びに来ていたお母さん、K, Nさんの Facebook への投稿です。当時 K, N さんは 25 歳で 3 歳・2 歳・0 歳のお子さんを育てていました。
　これを見つけた時、「これが現実だよね」と、とても切なくなったのを覚えています。K, N さんは、第一子が出産後 4 か月ごろから支援センターに、ほとんど毎日通っていたお母さんです。とても大切にお子さんに関わっていることが伝わってくるお母さんでした。
　ご主人は、K, N さんのこともお子さんのことも大好きで、子育てにも積極的に関わってくれるお父さんだったと思います。三人目のお子さんが生まれた時には 1 か月の育児休暇を取得し、お子さんと一緒に支援センターに遊びに来ていました。でも！　それでも!!　こんな風に感じることがあるというのが現実ということでしょう。

出産はゴールじゃない、スタートです

　多くのご夫婦は、妊娠すると「出産」をゴールに設定します。どこの施設でどうやって産む？ 出産までに準備すること、準備する物はなに？ 健康なマタニティライフを送るにはどうしたらいいの？ 子どもが生まれたらできなくなることは、今のうちにしておこう！ などなど…。

第8章　産前からの親のための講座を実践してみて

（表2）K, Nさんの投稿の内容「子育てのリアル」

育児でマウンティングしてるわけじゃないけど仕事と育児では、忙しさの質が違う。
だって目を離すと死ぬんですよ。
ウンチするんですよ。
いますか？　会社で目を離すと死ぬ人、ウンチする人、言葉で伝えずに泣くだけの人。
悪魔の所業じゃないですか。
なんて言うかなー。可愛いわが子だから育児が楽に見えているんでしょうね。
毎日毎時間毎分毎秒「可愛い」だけじゃないんですね。
コンマ0.1秒でもムカつく時あるからね。上司に置き換えてみると（以下）
・ミルクが無いと泣いて怒る上司
・持ってこさせてありがとうも言わない上司
・なんなら飲まずに哺乳瓶投げる上司
・ご飯食べるって言うから出したのに食べない上司
・かと言って飲んだり食べたりさせないと死ぬ上司
・そしてその上司はウンチを漏らす
・こっちがトイレに行くのも泣きながらついてくる上司
・下手したらこっちがトイレ行ってる間に死ぬ上司
・夜中泣く上司
・抱っこしても泣き止まない上司
・すぐに熱を出したりウイルスをもらってくる上司
・うつ伏せに寝てると死ぬ上司
・目を離すと死ぬ上司
・労働時間は24時間
・酒も薬も遊びも趣味も外出も禁止する上司
・ところがどっこい誰にも褒められない、無給！
・しかも、出産時の体のダメージは交通事故レベル、今書いたのは事故った状態の体でしてる。
分かります？まあそれでも少し喋れるようになったのが、ほーーんの少し楽になったくらいで今まで黙ってウンチ漏らしていた上司が「ウンチでた」って教えてくれるようになったって差だから。わかったか？野郎ども。

　でも、出産後には「赤ちゃんとの生活」が否応なしにスタートします。それなら出産前に「出産したらどのように生活が変化するのか」を知って、夫婦でどうやってその変化に対応していくのか準備ができると、戸惑わずに済むことがあるのではないでしょうか。

お母さんだって初めてのことばかり、その上、体はボロボロ

　お父さんの、子育てに対する意識が変化している様子は見られますが、まだまだ「お母さんなんだからできるはず！」と、自分も周りも思ってしまっていることで苦しくなっているお母さんが多くいます。今、多くの方が、男女問わず赤ちゃんを迎える前に赤ちゃんを抱っこしたことがありません。

　出産したからといって、すぐに「お母さん」として子育てはできません。お母さんだって、赤ちゃんといっしょにいて起こることは全て初めてのできごとです。

　その上出産直後のお母さんの体は、**全治二か月程度の交通事故**と同じダメージを受けています。妊娠前と同じ状態に回復するには三か月から一年かかると言われることもあります。心身ともに大きく負担がかかっているのです。

お父さんも子育てに関わりたいと思っている

　「イクメン」という言葉が聞かれるようになったころから、少しずつお父さんの子育てに対する意識が変化しています。「子育てに関わりたい」と思っているお父さんも増えています。

第8章 産前からの親のための講座を実践してみて

ですが、お父さんはなにをして良いのかわかりません。お母さんよりも、わかりません。関わりたいのに、やってみたらお母さんに「なに、そのやり方!?」なんて怒られたりしているお父さんが多いようです。なんだかちょっとかわいそうじゃないですか。

二人でいっしょに練習しながら、話しながら子育てがうまくなっていけば、お母さんもお父さんも楽になるはずです。

赤ちゃんを迎えると夫婦関係は変わります

だれでも結婚して夫婦になる時、生活が変化します。

でも大人同士の関係で、しかもいっしょになりたくて結婚するので、楽しいこともいっぱいあるし、多少の妥協も容易にできるでしょう。

でも、赤ちゃんが生まれたあとの夫婦関係の変化は、結婚した時の変化とは全く別物です。「三人の家族」になるからです。

「赤ちゃん」という大切な、最優先事項になり得る命が誕生します。腕の中で寝ている可愛い大切な赤ちゃんは、お世話しないと死んでしまうんです。命をかけて出産した女性にとって、赤ちゃんはいったん何よりも、夫よりも、大切な存在になることがあります。

よく「子どもを産むと女性は変わる」と否定的に言われますが、心身への負担やホルモンの変化、「なにより大切なわが子」が腕の中に居るという状況が揃えば、女性の変化は当然のことです。

それに比べると、赤ちゃん誕生によるお父さんに起こる変化はゆるやかです。この時生じてしまう「夫と妻の間のズレ」によって、夫婦の関係は、変わります。

143

私達夫婦に産後クライシスなんてないよね！は、ない

　結婚の時は予測も妥協もできて、折り合いをつけられたから、今度も絶対大丈夫と思っていませんか。「私達夫婦に限って、可愛い赤ちゃんを迎えたあとに仲が悪くなるなんて、ない、ない！」と、思っていませんか。
　赤ちゃんが生まれると、夫婦の日常は一変します。予想外の大きな変化です。180度変化してくれればわかりやすいのですが、想像の枠の外に出るような変化です。夫婦にとっての一大事なのですが、夫も妻も経験したことがないので想像も難しく、危機感も持ちにくいというのが現状です。
　ここはぜひ、「あるかも…」って思っていただき、準備をしませんか。

夫婦にとって大切なのは最初の二か月

　赤ちゃんが生まれて最初の二か月は、本当に大変です。赤ちゃんは愛おしいけど、大変です。その大変な体験を夫婦で共有できるかどうかが、その後の夫婦の関係に大きく影響します。なぜなら、この時期の大変さは体験していない人にはわからないからです。
　日本の「里帰り」の習慣は、実は要注意です。『とても大切なこの時期を「一人暮らしの青年」として過ごしてしまう夫』と『生まれたばかりの赤ちゃんを夜も寝ないで面倒見る妻』の間には、かなりのズレが生じます。
　出産の前に、「産院を退院した後の二か月間で、できるだけ多くの

第8章 産前からの親のための講座を実践してみて

時間を、二人で子育てする方法」を、考えておくと良いと思います。

「言わなくてもわかるでしょ」は、ない

　赤ちゃんを迎えた夫婦の間では、日本人の「行間を読む」が適用できなくなります。行間を読めるのは、予測、想像できるからです。
　子育ては予測不可能な未知との遭遇。その上夫婦は別々に、別の親によって育てられた異なる経験を持っています。人間は、多くの場合経験を基に行動します。だから「子育てのしかた」は自分の親に育てられたやり方が基本になります。
　その上、昔よりも「よその家族」を経験することが格段に減りました。自分の家族しかお手本がない方も居るかもしれません。
　だから、赤ちゃんを育てる時に、別々の家族で経験した別々の子育てをしようとするんです。どちらも「これが正解！」と思いながら。
　子育てが始まったら、子育てのしかたも自分の気持ちも、やってほしいことも何を思っているのかも、お互いに話した方がいいです。子育てが始まったら、「言わなきゃわからない」というステージです。話し合いましょう。

大切なのは、お父さんとお母さんのチームワーク

　「お母さんの子育てをお父さんが手伝う」は、今では完全なNGワードです。
　【生まれて来る赤ちゃんは二人の子ども。だから二人で育てる。】子育てを変えるのは、こんな当たり前のことなんです。片方が片方を

145

支えるのではなく、二人がダブル主演で支え合って子育てをするんです。支え合いの前提は「おたがいさま」。子育ても、家事も仕事もそれぞれ大変なことはあるでしょう。「おたがいさま」を前提に、とにかく話してみましょう。

　夫婦が子育てをする上で、試行錯誤しながら、作戦会議しながら、チームとして育つ。それが、お子さんが安心して成長するための、何よりの栄養です。

子育ては夫婦育て、家族育て

　赤ちゃんを迎えて育てていく過程には、喜びと幸せがたくさんあります。

　何にも代えられない可愛い笑顔。プクプクの腕や足やほっぺ。何とも言えない甘い匂い。キラキラの目。全面的に慕ってくれる愛情。昨日できなかったことが今日はできる成長。

　その赤ちゃんの成長を夫婦で一緒に見守る、家族としての楽しい時間は、当然あるようで、そうでもないのです。つまり、赤ちゃんの可愛さも、家族の楽しい時間も、状況次第ということです。

　出産後になにが起こるのか知ったうえで、夫婦二人で対策を練り、準備しておくことで、子育てが楽に、楽しくなります。つらい時間も二人で共有して乗り越えれば、夫婦のチーム力が育ちます。

　子育て支援センターに来所するお母さん達の様子を見ていてわかったことは、「多くの夫は妻がなぜ不安なのか知らない。なぜなら夫婦で十分話していないから」ということです。だから「子育てについてだれかと話す場」と「夫婦でもっと子育てについて話すこと」が必要

第 8 章　産前からの親のための講座を実践してみて

なのです。

『子育てパパママ応援講座』（親なる講座）2019 年〜 2023 年の実施状況

2019 年度　「親なるサポート三条」主催「子育てパパママ応援講座」一年目（全 6 回）
2020 年度〜 2021 年度　オンラインでの「子育てパパママ応援講座」（全 2 回）
2022 年度〜 2023 年度　対面での「子育てパパママ応援講座」（全 5 回）
　2022 年度からは対面での講座に戻り、新たに映画『ママをやめてもいいですか!?』（企画・撮影・監督　豪田トモ氏）の上映会を組み込んだ全 5 回の講座を開催しています。

「子育てパパママ応援講座に 3 回参加されたお母さん K, N さんの感想」

（双子男女　3 回目参加の時 2 才 1 ヶ月）
（ご主人が育児休暇 1 年 2 か月取得）
「育児休暇中に自転車で新潟一周しようかな。」と言っていた主人。
「育児休暇なめてんのか！」と思っていました。
　双子の赤ちゃんは小さく生まれて、すぐに NICU に入りました。
　赤ちゃんが 2 人家に帰って来たら…とにかく寝られない。睡眠不足からのイライラがすごかったです。子どもが生まれるまでは、ケンカらしいケンカをしたことがなかったんですが、生まれてからは、イライラをぶつけ合う感じで、しゃべらなくなったりしました。話す時間なんて無いって感じでした。
　そんな時に双子のママ友から講座のことを聞いて、オンラインで受

けました。受けた後は2人ともコミュニケーションをとるようになって、忙しかったけど少しずつ話すようになりました。「主人と私は育ってきた環境が違うんだ」ということも知って、「そういうことか。そういうことなら仕方がない。」と、いろいろ納得できることが増えました。

　主人は1年2か月の育休の間に一通り何でも出来るようになりました。すごく助かります。私は土曜日仕事なんですが、主人が子ども2人を見てくれています。安心して任せられます。

　考えると、今こうしていられるのは主人のおかげです。何でもやってくれるし、「何があっても絶対に守るよ。」と言ってくれています。ありがたいです。

　お互いに「自分の時間」がとれるように、話し合いながらやりくりしています。子育て中のひとりの時間は本当に大事です。

　出産前にこの講座をきいていれば、夫婦仲は悪くならないと思います！

今後の方向性は

　この「子育てパパママ応援講座」（親なる講座）の内容を、できるだけたくさんの方に伝えることが必要だと思います。

　子育て中のお母さんを孤立させないようにするのです。

　これまでの参加者の様子を見ていて感じたことは、この講座がアンテナにひっかかって参加する方は、子育てについてもともと意識が高い方だということです。伝えたい、知ってほしい方々には伝わっていないのです。

第 8 章　産前からの親のための講座を実践してみて

　産前産後にお母さんを孤立させないことのメリットは、計り知れません。
　お子さんの教育などについて意見が分かれても夫婦で話し合うことができる。お子さんが安心して育つ。二人目・三人目を出産する可能性が高くなる。お子さんの反抗期も夫婦で乗り越えられる。すんなりと親離れ・子離れができる。子離れの後も夫婦の良好な関係が続く。このように夫婦関係がよくなり協力して共に子育てができる状況が達成されるようになれば、産後うつを減らせる可能性、産前産後の女性の自殺を減らせる可能性、早期の離婚・熟年離婚などを減らせる可能性などが達成されていくのではないでしょうか。
　支援する側からも、リスクが高い夫婦を見ていくことが可能になります。
　2024 年 4 月から、三条市教育委員会より後援をいただき毎月「産前からお父さんお母さんになるセミナー」を開催しています。
　母子手帳交付時と妊娠 8 か月の時に案内が配布され、参加者も少しずつ増えてきました。今後は、妊娠期には必ず受講するシステムにできるよう働きかけていきます。
　また、これまで行ってきた講座の継続とあわせて、全ての妊娠期の夫婦が参加可能な頻度で、気軽に参加できるプレママプレパパの会を開催することを目指しています。
　そこに参加した方達のコミュニティができ上がっていくことで、出産後の情報が近くなり気軽に知ることができ、不安を溜め込まないうちに話すことができる場になることにもつながります。
　そして、全国でこの講座を制度化するべく、「産前子育て教室制度化推進全国ネットワーク」に私は賛同し、妊娠期、またはそれ以前の

お子さんを持つことを望む方々全てが、産前に子育てからついて学ぶことができるよう活動していきます。

活動に賛同してくださる方、講座に興味がある方、ご連絡ください。
kkazuho3118@gmail.com
Instagram: oyanaru_support

（講座のチラシ）

第 9 章

子育て奮闘中!
父親からのメッセージ

石丸大志
(子育て / パートナーシップ活動家)

父親の子育て――父親の育児は重要

　私は、新潟県三条市で暮らす3児の父です。普段はSNSやブログを活用しながら育児や夫婦関係の考えや情報発信を行っており、2023年秋には初の書籍として、子育てをこれから始めるパパに向けての育児本『家族みんなと笑顔になる 新米パパの子育てのミカタ』を出版しました。
　SNSの方ではこれまでに母親側からの様々なご意見をいただいてきました。いただく意見の多くは、意見というよりも「自分の気持ちを分かって欲しい」という嘆きや苦しみの中にある悲痛な想いでした。どうして父親は自分勝手なんだろう。育児しないんだろう。仕事もプライベートも事後報告で決めてしまうんだろう。いつまで独身気分なんだろう。どうして言われないとやらないんだろうなど。子育ての中で生まれる沢山の悩む声が届きました。
　私は、自らも育児する中で感じるその大変さや辛い思いもわかる部分があるので、母親側の気持ちを理解できました。
例えば、
- 夜中のおむつ替えや授乳、夜泣きやぐずり対応で慢性的な寝不足でとにかく常に眠く疲れやすい
- せっかく作った食事を食べてくれなくてイライラする
- 赤ちゃんの突発的な病気での病院対応や薬の把握、自身も体調不良の時は本当に辛く感じる
- 手抜きはできても、行わなければならない家事はどんどん溜まる一方なので育児の合間に行うと休む時間がない

第9章 子育て奮闘中！父親からのメッセージ

- ずっと呼ばれっぱなしで、子どもの安全を考えて目も離せず自分のペースで動けない。トイレにも行けない
- イヤイヤ期には何を行っても泣いてばかりで、コミュニケーションが取れないもどかしさ

　一例ではありますがこうした内容をもし、一番近いパートナーであるはずの夫が理解してくれなかったら、孤独な気持ちが増大していき、ずっと辛い状態の育児になってしまいますよね。

　一方で私は父親の立場でもある分、男性側の戸惑いや悩みも理解できます。その背景には、社会に根強く残っている神話的価値観も影響しているのではと感じるようになりました。そして、昨今は男性も育児に関わることを積極的に求められています。

　そんな時によく男性側から上がる声として「なにから始めればいいかわからない」と一歩引いたような声が多いのです。

　育児本を見てみると、育児に取り組む母親向けの本は多くても、父親向けの本というのは少ないです。

　では、現代を生きる男性はどうしたらもっと父親として育児を楽しむことができ、家族と一緒に笑顔になれるか、そのために必要なことが書いてある本はあった方がいいのではないかと。

　そして可能ならそのような情報は育児が始まってから得るよりも、**産前に育児の準備をしていく段階から夫婦共に必要**なのではないかと考え、本の出版と共に、子育てに必要な情報や考えをオンラインでの講演やライブを通して伝えています。

　この本についても、産後、子育て真っ只中の大変な時に学ぶよりも、産前から子育て教育が必要という編著者の信念に深く共感し、微力ながらもなにか一つでも参考になればと思います。

子育てに積極的になったきっかけは

　私は1984年に共働き家庭に生まれました。今もよく覚えているのは父が料理をしていた光景です。母ももちろん育児家事をしていましたが、心に残っているのはなぜか、父が料理をする後ろ姿。

　キャンプや庭でのBBQで料理番をずっとがんばる姿。幼いながらにそんな父がカッコイイなと思っていたのかもしれません。私は普通の感覚で、大人になれば私も料理はもちろん家族の時間を大事にしたい、という思いはありました。

　大学卒業後は俳優になりたいと思い、様々な職を経験しました。職の内容というよりも働き方で、アルバイト、派遣、正社員、時間帯としても夜勤も早朝もシフトで働いている中で、だんだんと将来のライフスタイルを考えました。その中でも家族との時間を大切にする、という価値観はずっとあったので、そうするならどんな仕事のやり方が適しているのだろうと考えました。

　しかし、結婚し、子どもが産まれると「男は大黒柱として仕事をもっとがんばらないとね」という言葉が待っていました。この言葉に私は揺らいでしまい、子どもが産まれるなら男性は仕事をまず優先し、稼がないといけないと思い、がんばり過ぎてしまったのです。

　さらに当時の仕事は始発から終電まで一日中働き、次の日もまた始発で出勤、というような働きづめの仕事だった上に、上司からのパワハラにかなりやられてしまいました。しかし家族のために今の仕事で働き続けるしかないと、だれにも相談できずやめられず、人生を終えようかとさえ思うまでに悩んでいました。

第 9 章　子育て奮闘中！父親からのメッセージ

　その時に、もうお腹も大きく大変な状態だった妻が、私の異変に気付き伝えてくれた言葉に救われたのです。
　「つらいなら無理しなくていいよ。あなたを必要としてくれる場所は他にもあるから。それにもっと大事なことが絶対にある。抱え込まなくて大丈夫だよ」。自分だって大変なはずなのに、寄り添ってくれた妻の優しさが本当にありがたく、この時にやっと私は大事にしたかったものにもう一度気付くことができたのです。
　本当に自分がしたかったことを叶えられる人生にしよう、家族を心から大事にできる未来にしよう、そう決めて在宅でもできる仕事や取り組みを確立して、今があります。
　現在まだ長男が8歳・長女7歳・次女4歳なので子育て歴としては8年ですが、ずっと近くで成長を見守ることができ、また子どもたちも沢山の笑顔を直接私に見せてくれるし、かけがえのない瞬間を味わえることに感謝です。
子育てを通じて得られるまたとない時間や機会を、みなさんも大切にしていただきたいと、心から願っています。

夫婦が協力する子育てとは――子育て「あるある」な病気対応

　2023年の年末から、わが家は今までにない危機的状況に陥っていました。
　それは、家族全員がとにかく風邪やら病気やらを年末から翌月末頃にかけて長期に渡り、うつし合ってしまったのです。
　年末、子どもたちの風邪から始まり、夜中に子ども二人とも嘔吐と下痢が止まらない状態に。その看病をする私たち夫婦も順に感染し、

私がインフルエンザになってしまい、大変な2か月でした。

　そんな苦しい状況の中でよく妻と話したのは、『一人だけで育児をしないで本当によかった』と。

　この大変さをパートナー同士で理解できていなかったら、更に辛く、気持ち的にも押しつぶされてしまいそうだったと思います。

　これは、物理的にずっと家族一緒に過ごす、ということを求めているのではありません。今回わが家を例として挙げたのは緊急事態なケースであり、通常は一日のうち大半を仕事に出ている人も多いでしょうし、子育てが始まれば尚のこと家族が揃う時間の方がそもそも少ないのではないでしょうか。

　だからこそ、いっしょに居られないのならばせめて、精神的な距離感はいつでも近くにあって欲しいなと思うのです。

　今日は元気かな。なにも起きなかったかな。どんなこと感じていたかな、など。ずっとではなくても、一日の中で何度もその人のことを考えてみるのです。

　子どもが生まれたら、かわいい子どものことは自然と考えてしまうもの。その子のようにパートナーのことも考えてみるのです。

　今日一日子どもは元気だったかな、妻は元気だったかな。子どもはけがしなかったかな、妻の体調は大丈夫だったかな。

　このようにいつでも気に掛けることを始めてみると、どんなことが心配か、悩みか、不安か、楽しみか、幸せか、うれしいか、などパートナーのこともだんだんわかってくると思います。

　子ども達が病気だった時の不安について理解しているのはもちろんのこと、今日はどんなものを食べさせたら良いか、子どもが複数人いる中であの子はパパママどっちを求めていて他の子はだれにいてほし

156

第9章 子育て奮闘中！父親からのメッセージ

いか、だれと一緒に病院に行けば事がスムーズに進むか、昨日あまり妻は寝られなかったから日中寝かせようか、などいろいろ考えることができるようになるのです。

　そして、話をしてみてその意思疎通ができていると感じた時には、やはりうれしいものです。協力しているから一日の終わりには、今日も一緒にがんばれて一日乗り越えて、本当に良かったと、いろいろがんばってくれてありがとうと、安堵と感謝が湧き出てくるんです。

　子育ての一つ一つの大変さを、夫婦で共に乗り越えてきて、そしてこれから先も妻と共に育て続けると決めているからこそ、理解したい想いであふれています。どんなことがあっても感謝が止まらなくなるのです。

　この「子育てにおける協力」では、私が最も重要だと思う「意識」をお伝えします。

　それは、「臨機応変」です。

　子育て有無にかかわらず、人は自身の中にある種こだわりを持っています。好き嫌いから始まり、仕事、趣味、生き方、人間関係、などどんなことにおいてもこだわりは生じます。

　その良し悪しに関係なく、子育てにおいては、ある程度フラットに動こうと決めておいた方が何かとうまくいきます。

男性側に残る子育て神話

　男性側によくあるのが、「大黒柱神話」です。男性は仕事をして稼ぐことこそが家庭においては重要だ、と考える方は今の時代でも少なくありません。

確かに、家族を守るためにはお金は重要です。ただ、時代は変わり、以前と比べて男性の給与も下がりました。さらに、一つの職を定年まで続けることも難しくなりました。男性だけが仕事をがんばり続けて稼ぎ、家庭の経済基盤となる、という考えはすでに成り立たなくなっています。

　もし、男性なんだから仕事をがんばらなければならないんだと自身に言い聞かせてがむしゃらに働き続けてしまったり、男性なんだからもっとがんばって働いてよと言われ過ぎてしまうと、せっかく幸せな子育てを築こうとしたのに家庭内の関係性が揺らいでしまう恐れも出てしまいます。

子育て神話は女性側にもいまだに残る

　また女性側には「母性神話」があります。女性には母性が本能として備わっていると。お腹に子を宿せば自動的に母性が湧いてきて母親になり、愛情を持って当たり前だ。だから母親が育児をするのが自然で当然のことだと。女性の方が育児にむいているのだから男性には任せられない、というものです。

　かつては、周りのお母さんたちも自分も主に育児をしていたら、集団心理が働き、母親ってそういうものなのだとなります。

　しかし、人間は男女で大きく二つに分かれるかといえばそういうものではなく、個人個人が違う性格を持ち、好みや考え、合う合わないというのも異なります。

　子育てが苦手と感じる方も実は少なからずいます。自然と母親になるのが当たり前かと言えばそうではないと思います。そしてそれは決

第9章 子育て奮闘中！父親からのメッセージ

して、ダメな悪い母親ということでもないのです。

　子育てが苦手だと感じる方の中にはもしかしたら、普段の生活の中で余裕がなかったり、睡眠不足や体調が回復していなかったりなどで、自身の状態が整っていないという場合も考えられます。

　現代の育児は、体も心も急激な変化の中で始まります。だから気持ちが追い付いていないままに子育てに取り組んでいるという、苦しい状態のお母さんも世の中には多いのではないでしょうか。

　さらに、赤ちゃんのように小さくて弱いものを守り愛するというのは、女性だけでなく、男性も感じる本能的なものだと思います。男性も愛情をもって子どもに接し育児することはできるんです。

　子育てに必要な愛は、母親からの愛ももちろん重要です。母親だけということではなく、父親や周りの家族、地域の方々、保育者など、社会全体で支えることが重要なのだと思います。

　だからこそ、「母性神話」を母親としてがんばる女性たった一人に抱え込ませてはいけないのです。

周りではなく自分がどうありたいか

　子どもが産まれると分かってから本当にこだわるべきは、「父と母として自分たちがどうありたいのか」という「あり方」です。

　どうありたいかという価値観があってこそ、それを実現するための手段が「仕事」を筆頭にあるのだと思っています。

　今の時代は夫婦で仕事を行う共働きが増えていて、わが家もそれぞれで仕事を持っています。

　その仕事も、自分たちのライフスタイルに合うものを探し続けてき

ました。「どうありたいか」を夫婦で話し合い、「仕事」自体にはこだわらないと決めたからこそその生き方です。

　そうして行動した先で、自身に合っている仕事や環境、人間関係を一歩一歩確立してきているのかなと感じています。

　大切なのは「どうありたいか」です。メディアなどで見かける、上手くいった事例のそれぞれは、その方々だから上手くいったのであって、すべてが自分たちに合うかどうかはわかりません。

　自分たちは「どうありたいか」を第一の価値観に設定し、色々な事例、手段、方法を知り、その一つ一つを自分たちの生活に試していく。合ったものは一旦続け、合わなかったものは取り入れず置いておく。そのうち子どもも成長すれば生活環境もどんどん変わるので、前まで合ったものも合わなくなるかもしれませんし、その逆もあります。もちろん親自身も成長しますが、子どもの成長はその比ではありません。だから彼らに合わせていくことも増えるでしょう。そうなったときに親自身がなにこだわっているかがすごく重要になるのです。

　子育てはとにかく失敗の連続です。そもそも子どもは親のものではなく、一人の人間であり、家族ですがある意味他人です。家族や周りの人・地域の考え、一般論や慣習などで、親自身そうだと思っていたものがある、だからこの子もそうだろうという考えは成り立ちません。でも意外と、自分はこうなればうまくいったからと、あれは良くなかったからと、過去の自分の経験をもとに動いてしまうことはよく起こりうるものなんです。

　またきょうだいが産まれれば子ども同士でも様々な趣味嗜好は異なっていくものだと、親になると身をもって感じます。同じ親から生まれたのに、まったく違うように生きる彼らを見ていて全く飽きませ

ん。
　だからこそその子に合ったものが見つかった時がこの上なくうれしく、また目の前で体現して見せてくれる子どもの姿がすごく愛おしく、間違いなくこれは子育ての醍醐味です。
　親の知らなかった生き方を見せてくれる驚き。思いつきもしなかったやり方の実現への興奮。何度ガッツポーズをしたでしょう。
　子育ては今までに自分がこだわってきたことを捨てるような感覚にもなり、寂しさを感じるかもしれません。ただその感覚以上に、今までに感じたことのない成長や感動を、家族全員で共有できるまたとない機会です。

親になる人に伝えたい産前から大切なこと

　親になる上で大切なことは、他にも色々あります。世の中では、育児って大変だよと、親になるんだから今まで以上にがんばり、責任もって命を守らないと、どこか子育てというもの自体をネガティブに感じさせる言い方も多いです。
　事実、親になるということは責任が伴うものですが、ただあまりにネガティブ過ぎたり、危機感を持たせたりするような情報ばかりでは幸せな未来は描きづらいと感じます。
　そこで、親になる時にどんなことを心がければ、子育ての毎日が確実にいい方向に進むのかを、お伝えしたいと思います。

夫婦の関係性が成長する

　子育てをすることで夫婦関係が悪化したという声も聞きますが、逆に良くなったという場合もあります。悪化したという話を聞いてみると、「家事育児の負担が夫婦どちらかに偏っている」「気持ちを理解してもらえない」「話し合う時間も余裕もない」など、不満を自分の中に抱え込んでしまっているのです。

　夫婦関係で大切なのは、理解を示すこと、気持ちに寄り添うこと、思いやりを持ってできることから行うことだと思っています。最初に話す時は勇気がいるとは思いますが、家族を支える二つの柱である夫婦で、どんなことでもいいから話をしてみる。お互いを理解し合いながら、今できることからやってみる。そうすることでしか改善しません。

　しかしその一歩から、お互いへの協力や状況への理解がより進み、ストレスも軽減し余裕も出て、家族全員の心の状態も安定していきます。共働きであっても、お互いの大変さへの理解があれば、ねぎらいや感謝の元で接することができ、関係性は間違いなく良くなります。人は皆違うもの、お互いに得意不得意があるからこそ協力し合うことで１＋１＝２以上のより大きな未来を実現できるのです。

子育てをすれば仕事にも好影響

　子育ては自分とは違う他人を育てる行為なので、仕事の人材育成と似ている部分が多いです。コミュニケーションが取れなければ関係性

第9章　子育て奮闘中！父親からのメッセージ

は築けません。子どもが泣いている時に「泣くんじゃない！」とただ怒るよりも、「泣いている理由は何だろう？」と想像を巡らせながら悩み考えることで、相手の背景を考えることに役立ちます。おなかが空いている、抱っこしてほしい、眠い、痛い、寒い、暑い、気になることがある、など「泣く」という行為一つとっても色んな理由があるものです。

　子育てに向き合うことで必然的にコミュニケーション力は伸び、その想像力が仕事上の人間関係にも活かせます。

　相手の立場に立ちながら接することができ、個性や能力をどう活かすかとも考えやすくなるでしょう。さらには今後育児を行う同僚が出てきたときに、適切なアドバイスや気持ちの理解もしやすくなります。

　そして、毎日の育児では時間管理は必須。常にマルチタスク状態で朝起きてから夜寝るまでの一日を最大限のパフォーマンスで過ごし続けるため、物事の優先順位の付け方やタスク処理対応、作業効率も上手くなります。

　また子どもの周りにはどれだけ気を付けていても危険が多いもの。火の元など明らかに危険なものはあらかじめ気を付けていると思いますが、ただ寝ているだけの赤ちゃんからだんだん寝返りが始まり、ハイハイで動き出し、つかみ立ちで上にあるものを取ろうとし、背が伸びればさらにその活動範囲は増えていく…と危機対応の範囲がどんどん広がっていくのです。こうしたリスク管理への対応力も仕事の現場でも生かすことができるでしょう。

　子育てで学べる経験や考え方は子育てでしか通用しないのではなく他でも活かせると知るだけでも、行う価値は十分にあります。

そのためにはまず、できるだけ早く、産後よりも産前から子育ての知識や考え方を学び、パートナー同士で話し合い自分たちが大切にしたい「在り方」を見つけること。それができれば、大変さを乗り越えながらも家族皆で笑顔になれます。一緒にがんばり、期間限定の子育てを楽しんでいきましょう。心から応援しています。

これから親になる人も今親として頑張る人も皆が安心して子育てを楽しめるように活動を引き続き行ってまいります。お問い合わせは下記メールにてお願いいたします。
E-mail　dintegrity11@gmail.com

第 10 章

フィンランド教育における親準備教育の取り組み

自立した健康な大人、そして家庭人の育成につながる教育

ヒルトゥネン久美子
(KHジャパンマネージメント株式会社)

実際にフィンランドに住んで子育てを体験してみて

　フィンランドに暮らして間もなく31年になります。フィンランドは共働き家庭が多く、また自分で起業する人も目立ちます。女性も同じです。起業の場合、家庭との調整が多少はしやすくなるということもあるかもしれません。
　責任は重くなりますが、自分に合った働き方をしながら家庭との両立ができます。
　私もそのような女性や男性達に感化され、20年前に個人会社を設立しました。
　その会社で教育と福祉の分野を中心に日本の皆様にフィンランドのリアルをお伝えしています。特に学校訪問の数は数え切れませんが、何度訪問しても面白いのです。日々生きている学校は訪問するたびに異なった顔を見せてくれます。子どもを中心に考えれば学校が変化するのは当然のこと。そんな教育現場では人生の本質について気付かされ、目が開かれることも多いのです。
　私からはフィンランド教育と生活を通し、子ども達が親になる以前に、まずどのようにして自立した大人として成長していくのかをレポートしたいと思います。

フィンランドという国での子育て

　フィンランドで私が初めての子を出産してから３０年が過ぎました。異国での出産とは知りながら当時頼りにしていたのは日本から

第 10 章　フィンランド教育における親準備教育の取り組み

持ってきた出産・子育て本でした。ついつい本が教えてくれるスタンダードと比較する癖が抜けず「寝返りやハイハイの時期が来ているのに何故？？？」と心配になったりすることもありました。その度に保健師の方に「子どもは皆、それぞれ成長の仕方が違うのだから、比較はやめましょう」と諭されました。

　また両親が働いていてもいなくてもフィンランドの子ども達は保育を受ける権利があります。そのため、多くの子ども達は1歳くらいになると保育園に通い始めます。初めての集団生活の中では、やはり成長の差も見え、上手にできる子とそうでない子を比較して不安になる親御さんや子ども達自身も出てくるかもしれません。ですがフィンランドの保育園は小グループ活動が多く、一斉に同じ遊びや学習活動をすることはとても少ないため、先生方が上手くグループ分けをしてくださり、それぞれの子ども達が自分のペースで遊びながら、少しずつスキルを身につけていきます。大勢の中で他者と比較せず、「自分」の成長が尊重されるのはきっと子ども達にとってもストレスが少なくゆったりと育つことができるのではと思います。

　そして日本のような発表会ではなく、子ども達の日ごろの活動を知ってもらうための歌、ダンス、演劇などのお披露目会はあります。が、お姫様が何人も出てくるようなことはなく、演劇に顔を出さない子どももいます。

　例えば、照明さんとか、BGM 担当、または脚本担当などなどです。そして最後はすべての子ども達の名前と役割一覧がスクリーンに出てきて、準備段階の楽しい画像と共に皆がそれぞれの得意分野で参加してきたことが紹介されます。

　「みんな違って、それがいい」ということを喜んで体験させている

良い事例だと思いました。

　このように幼少時代から「私という人」を体験して受け入れながら育ってくると得意なところも、そして少し不得意なところも自分なりにわかって受け入れることができ、自己肯定感も安定してくるのです。また保護者の見守り方も大切です。それぞれの子ども達がその子らしくいられるように口や手を出し過ぎない、そんな努力も必要ですね。

　「親が出過ぎない」こと、それは子どもが成長していく段階で何度も思い出しては反省させられました。息子が小学校４年生くらいの時だったかと思います。黒髪が恥ずかしかったのか明るい色に染めたいと言い出したことがありました。

　それを義妹に相談したところ帰ってきたアドバイスは、「**子どもは神様からの預かりもの。あなたの所有物ではないのよ。自分の価値観を押し付けないで、信頼して見守ることも大事よ**」ということでした。所有物などとは思っていないとはわかってはいてもグサッと来ました。

　またある時は中学校で保護者に対して「考えてみれば親は先にこの世を去るものですから、子どもが自分の意思と責任で物事の決定ができるように成長を見守ってください」という発言もあり、"**親が出過ぎるな**"ということをそれとなく言われていることに気付かされました。

　フィンランドには今も残る良い習慣として Kummi クンミ =Godparents ゴッドペアレンツ（両親に寄り添い子どもの成長を支援する役）という制度があります。通常はお母さんやお父さんの下の兄弟姉妹達がなることが多いです。

168

第10章　フィンランド教育における親準備教育の取り組み

　時々両親に変わってベビーシッター役や相談役を務めることで自分も子育ての練習ができる良いシステムです。子どもは親には言いにくいことを優しいクンミには言えるということもあるし、親が疲れてしまった時の助っ人にもなりえます。
　このような習慣を利用することで程良い親子関係を維持することもできるかもしれません。そして親自身の体力や心の健康にもいいと思います。一人でないということは大きな安心材料です。

子育てに父親が関わるのは当たり前！
子育てを通して父性も育ちます

　平日、子どもとランチをする育児休暇中のお父さんがいます。
　子育てイコール母親の仕事という概念はフィンランドにはありません。夫婦間でそれぞれの得意分野を活かして育児分担をします。フィンランドのお父さんはお母さんの妊娠中から共に寄り添い父親としての心の準備と成長を始めています。
　出産への立ち会いはもちろん、父子休暇も多くの方が取り、子育てに参加します。我が家も私が育児休暇から職場復帰をしたと同時に今度は夫が半年の父親休暇を取りました。
　私はとても安心しました。その時に父と息子の絆は太くなり、失敗を繰り返しながら夫も父親としての自信をつけていったようです。お父さんの育児参加が日常であれば、母性と同じく父性も育ちます。お父さん達の示す愛情というのも暖かくて力強くて安心で素敵なものです。
　一方で色々な意味で社会福祉が充実している北欧の国々では離婚率

平日、子どもとランチをする育児休暇中のお父さん

も高く、フィンランドもその例外ではありません。

　残念なことですが、そのような状況になった時、子どもと別居するケースが多い父親達はとても傷ついているようです。かつて視察の仕事で男性支援のNGO団体 Miessakit Ry（ミエスサッキ協会）を訪問したことがありますが、ここでは支援サービスの一つとして離婚に際しての悩み、特に父性からくる様々な葛藤についてのサポートもしており、「子どもに会いたい」「家族から孤立してしまい寂しい」といった"男性の辛い胸の内"に寄り添っていました。

　夫婦が共に参加することが子育ての基盤ですので、それが壊れた時は母親も父親も共に痛みを負うということなのです。

第10章 フィンランド教育における親準備教育の取り組み

フィンランドの教育の特徴・日本と比較して

教育は未来創造の土台という意識

　良い未来を創るため教育はその土台となると考えられています。それに携わる先生方も尊敬されています。

　毎年1月末に開催される"EDUCA"エドゥカ教育見本市には例年、教育関係者のみならず、経済界、首相や大臣たち政治家もパネルディスカッションに参加するほどです。

　そして教育は大学院に至るまでフィンランドでは無償です。もともと資源の乏しい国でしたが「人が財産」「人に投資するしかない」と今でもフィンランド社会では認識されています。またフィンランドは人口550万人強の小国です。少し大げさかもしれませんが人を育てる教育は国家存亡の鍵ということなのです。

助けを借りて各自が決める自分の進路

　とはいっても互いに競争しないフィンランド教育の意図は何でしょうか？ 保育園での事例からもわかるように、それぞれの個が活かされ皆に居場所、活躍の場がある社会を理想としているのがフィンランドです。それぞれが自分に合った方法で学び、成長できる場として学校の存在を期待しています。もちろん必ず学ばなくてはいけない基礎はあります。ですがその後に自己責任で選択決定しなくてはいけない厳しい現実もあります。

　フィンランドの若者は中学校を卒業した後、約半分は高校に進み、

　その後大学進学を目指します。そして残りの半分は国家資格となる職業基礎資格を習得できる職業学校に進学し、その後は社会に出ます。
　ということは15歳くらいで自分の将来について何らかのイメージを持つ必要が出てきます。将来どんな生活をしたいのか。結婚はいつごろで、子どもは何人？　そのためには自分の長所を生かせる仕事はどのようなものがあるだろうか。その仕事に就くための進路は、と夢を現実に引き下ろして考えます。
　自分ごととしてイメージしなくてはいけないのですが簡単なことではないです。そこで中学校に入ると職場実習を始めこれらのテーマで授業も担当してくれるスチューデントカウンセラーの存在が頼りになります。
　フィンランドの学校には学校法で定められている「生徒福祉サービスチーム」という教員とは異なる専門職の方々がいます。メンバーはおおよそ以下の通りです。

　　＊スクールソーシャルワーカー（社会性の問題を担当）

　　＊スクールサイコロジスト（精神的な問題を担当）

　　＊スチューデントカウンセラー（学習進路担当）

　　＊特別支援教諭（学習サポート）

　　＊スクールナース（健康と成長を担当）

　以上のメンバーが校長又は副校長のもとに定期的に会議をしながら学校内で子ども達や先生達へのサポートをしていきます。
　2つの学校を掛け持ちしている方も最近はいますが、それでもこの学校の、私の担当のスクールサイコロジストという方がいることはいつも違う人が現れてまた初めから説明するようなことにはならず、とても安心です。

第10章　フィンランド教育における親準備教育の取り組み

　学習の悩み、人間関係や心の悩み、健康に関して、家庭の問題も含めて相談できる大人が学校にいてくれるのです。そして彼らは子どもから聞いたことを許可なくして保護者や他の大人に伝えることはしません。絶大な信頼関係があるのです。
　こうして子ども達は時には壁にぶつかることがあっても必要な助けを求めることも学び、自分で道を切り開いていく練習を重ねていきます。
　学校は決して成績重視、良い学校に入るための教育に偏らず、それぞれが社会で自立するために必要な知識と教養を身につける場所。と同時に心が柔軟に成長し、自分らしく生きる道を見つけられるよう支援します。学校で学ぶことはみな自分に返ってくることなのです。親の意見は参考にしますが、決定は自分の責任です。
　ちなみに高校ですと大体2年目に18歳を迎えますが、18歳になると同時に成人です。成人ということは全てを自己管理するのが当たり前です。
　学校からの連絡は親には来なくなり、銀行のオンライン口座も子どもの許可がなければ見られなくなります。こうして社会制度的にも半強制的に大人にされていく時がやって来ます。ですから自分で自分の面倒を見られるように学校にいる間に準備をする必要があるのです。

義務教育の中で行われる家庭科学習「ホームエコノミクス」

　私は学校訪問をする中で、中学校の家庭科の授業「ホームエコノミクス」を見るたびにこれこそ" **自立のための授業** "と思ってきました。

教科書の例：食品関連のみならず、家計経済と健康な暮らしに関する内容を多く学びます

その授業を少しご紹介します。

　男女ともに参加するこの教科は主に中学校で学びます。通常中学1年で週3時間分を必修科目として学びますが、その後も選択科目として受講する生徒が多い人気の教科です。調理実習など体験型の学習内容が多いことは人気の理由の一つですが、何よりも、間もなく始まる自立のためのノウハウが満載の授業内容であることは大きな魅力です。

　授業では生活の基本をたっぷりと学びます。まずキッチンで使う調理具の種類とその使い方や手入れ方法。電子レンジ、コンロ、トースター、湯沸器、換気扇などの掃除方法などです。

　スーパーの棚には世界中の食材が並んでいますが、適した調理方法を学びます。正しい保存方法を知らないと、いたみの早いものが出てきてフードロスにつながるかもしれません。知ってお得な情報をたくさん学びながら流行のメニューにもチャレンジします。

第10章　フィンランド教育における親準備教育の取り組み

ホームエコノミクス授業の例：家にある残り物で作るメニュー色々

ホームエコノミクス授業例：テーブルセッティング

　お客様を招待する際のテーブルセッティングやマナーも学びます。家庭ごとの伝統や習慣、家に代々伝わる味やレシピも知ります。それは私たちのアイデンティティーにもつながります。
　消費の仕組みを知っていますか。自分は一体毎月どれだけの消費をしているでしょう。無駄があるとすればどこでしょう。オンライン

175

　ショッピングは便利ですが思わぬ罠にかかることがあります。注意事項は何でしょうか。責任ある消費者として、また市民としての在り方を意識しましょうと学びます。

　トイレやバスルームの掃除、モップの掛け方、家具の汚れを拭き取る時に使う洗剤の種類や衣類の洗濯で注意すべきことも学びます。これら、独立してすぐに役立つホームエコノミクスは、生徒たちにとって最も実践的かつ魅力ある授業です。

　当たり前の知識として知っておかなくてはいけないことを実は知らない、教えないまま巣立ってしまうことがいかに多いことでしょうか。生活の基本スキルが身についていることは将来家庭を営む際、男女ともに大きな助けになります。

その他安全安心な家庭の土台作りに役立つ授業など

性教育と心と感情の学習は"安全"に関連する授業

　性教育は心と体の安全を守るという視点で小学校1年生から授業やテーマプロジェクト活動を通して扱われます。低学年は自分たちの写真を見ながら体の部分を覚える、違いをストレートに話し合う、趣味や長所など感情も含めて皆が異なる心と体をもつ存在であることを認め合う、というゆるいアプローチです。

　そして高学年になるに従い、思春期の体の変化や子ども達の疑問や戸惑いについてもオープンに話し合います。また大人の知らないところで目にするかもしれない性的映像には関心を持つ子もいれば、悩んだり当惑する子もいるでしょう。ケーススタディを通し、心と体の安

第10章 フィンランド教育における親準備教育の取り組み

全を守るための方法、助けを求める方法などについて共にディスカッションします。

　始めは恥ずかしがる子もいますが、「これは皆にとってとても大切なこと、そして大人になっていく過程でだれもが経験する自然なことなのだ」という堂々たる姿勢で先生方は子ども達に接します。

　そうすると、子ども達も次第に緊張が解け、積極的に発言するようになるそうです。中学になると避妊についても男女一緒に学び、避妊具を手に取ってみることもします。

　また性教育では体に対するのと同じく、心や感情を大切に扱うことを教えます。

　正解のないディスカッションですが、それぞれの思いを伝え合う練習を通して、他者の思いを尊重する人間関係の土台が築けるようになります。

　性教育は決して「寝る子を起こし、性への関心を増長させる」のではなく、真実を学び、若者の「正しい良識の目を開くこと」を目的としています。

　私たちはもっと若者や自分の子ども達を信頼すべきではないでしょうか。彼らは正しい情報を得て、安心して大人になっていく必要があるのですから。

子どもの人権デイ

　1989年11月20日に国連総会において採択された子どもの権利条約は、もちろん現在も日々の生活で生きているものです。

　ですから当然のことながら11月のこの記念日が近づくとフィンランドの学校ではここぞとばかりにテーマ学習やイベントに取り入れて

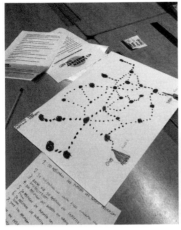

◀子どもの人権デイの活動例：
4年生のグループによる人権内容を学ぶゲーム作り

子どもの人権デイの活動例▶
中学生男子が低学年の子ども達に読み聞かせ
中。心地よい学校環境と人間関係作り

いきます。

　この活動では子ども達自身の視点で、生きる権利、育つ権利、守られる権利、参加する権利、それらが実生活ではどうか、事例を示したり課題を話し合ったりします。

　ある学校では丸一日を子どもの人権デイとし、小学生から中学生まで学年を超えたチームで、それぞれがゲーム、遊び、調べ学習、発表課題などの活動を行っていました。子育てはその対象となる子ども達自身も、自ら「自分たちに与えられている権利」と気付く必要もあります。

第10章　フィンランド教育における親準備教育の取り組み

ネウボラで行われている産前教育の支援の実際

ネウボラの役割

　子育て支援で欠かせない存在となっているのが近年日本でも話題となっているネウボラです。**ネウボラは"情報の場"**という意味があり、健診、予防接種のほかに、家族の問題や悩み事をトータルで支援してくれるところです。

　ネウボラには「お母さんのネウボラ」、「子どものネウボラ」そして「ファミリーネウボラ」の3種類があります。共に各自治体で公共の健康福祉サービスとして無料で提供されています。ファミリーネウボラは18歳未満の子どものいる家庭を対象に様々な問題に関わってくれる場所ですべての人がお世話になるわけではありませんが、お母さんと子どものネウボラの方は、ほぼ100％のフィンランドに暮らす人々が利用しており、その歴史は1920年代に遡ります。

　お母さん達は妊娠と同時にネウボラに通い始め、子どもは小学校に上がり、成長記録が学校医に引き継がれるまでの間お世話になります。自分担当のネウボラナースができることも安心材料の一つです。そして面談に要する時間も毎回1時間程と、とてもていねいに接してくれます。そのため信頼関係は深まり、単なる健康診断等の対応にとどまらず産後うつや夫婦間の問題など、親子がともに成長するプロセスで発生しうる多様な問題に寄り添ってくれる心強い存在となっています。

ネウボラの部屋

ネウボラの壁は情報の宝庫

安心して親になるためのツール"写真カード"

第10章　フィンランド教育における親準備教育の取り組み

親になる夫婦を支える準備教育の例

　出産まで約10回にわたる健診や面談ではお父さんが参加するものもあります。父親の喫煙、アルコール、薬物使用などを含めた生活習慣についてもズバリ質問します。

　そして実際に子どもが生まれた後の子育てにおける夫婦の協力の仕方や身近に助けてくれる人達のネットワークはあるかなども確認します。子育てがスムーズにいくようにイメージトレーニングをし準備をすることは大切です。そして困ったことがあればどこに助けを求められるかを知っておく必要もあります。

　ネウボラは外部のプロフェッショナルとの連携もしていますので、協力を仰ぎながらグループセッションの機会などをコーディネートします。同じ時期に出産予定のカップルや育児中の先輩カップルを招いての懇談、出産病院ツアー、夫婦間の問題、ひとり親、安全のネットワーク作り、授乳や夜泣きのレクチャー、子育て支援サービスなど色々です。

　ネウボラなど家族サポートの現場で使われるカードにこの「安心して親になるための写真カード」があります。使い方は簡単です。個人面談、グループセッション、色々な場面で、最近または今日の「自分の気持ち、家族の状態、なりたい自分、自分にとって大切なこと、共に暮らすパートナーや支援者のタイプ、自分にとっての幸せな時間、赤ちゃんと一緒にしたいこと…」などなど、自分の思いを伝える写真のカードを選び話します。または裏に書いてある「孤独、ストレス、不安、笑い、愛情、疲労、助けを求める、ロマンス、怒り」などの言葉を状況と共に説明するという使い方もあります。

　フィンランドはオープンダイアローグの発祥の地でもありますが、カードを使うことで最初の一歩が踏み出しやすくなります。心を開いて対話を繰り返す練習を重ねることで自分の状況を客観的に理解し、言語化できるようになります。

日本の教育に取り入れたら良いと感じること

　フィンランドの学校を見ていると昔の日本の学校を思い出します。クラスの中にはいろいろなタイプの子がいて、それぞれが尊重されていました。先生も個性のある人たちが多く、尊敬されていました。
　世の中が猛スピードで変わっていく時代だからこそ、意図的に対話を通して一人ひとりを知る機会を作り、個の違いを知り尊重し合う体験をしてほしいと願います。
　総合的学習、テーマ学習や学年を超えた活動が増えれば自然と対話を通して問題解決する練習ができます。一緒に相談し、助け合いながら、やり遂げる経験をもっともっと子どもの時からやってほしいです。コミュニケーションが取れれば、将来困った時にも声を掛け合ったり、助けを求めることもできます。孤立してしまったり、気がつかないふりをしてしまうことも少なくなるでしょう。
　「話せばわかるし、話して解決することができる」そんな人間力の基本を子ども達につけさせて"何とかなる"という自信を持ってもらいたいです。

オンライン講座や講演、研修など、今後も継続してまいりますので、関心を寄せてくださる皆様は下記までお問い合わせくださいませ。
KH Japan Management Oy（KH ジャパンマネージメント株式会社）
E-mail: kumiko.hiltunen@pp.inet.fi
Home page: www.khjapanmanagement.fi

第 11 章

産前からの
子ども虐待予防教育が必要

子どもがかわいいと感じられる支援とは

柴田俊一
(常葉大学)

これからどうすればいいのか

　毎年のように、虐待で命を落とす子どものニュースが流れます。毎年 70 人近い子どもが虐待により死亡している現実は、あまりにもつらい日本社会の病んだ部分だと思います。

　私は、行政の中で、保健所・家庭児童相談室・子育て家庭支援センター・児童相談所の経験を通じて、子どもの虐待を減らすのには、予防から始めるしかないと強く考えてきました。

　しかし、この本で取り上げたような産前からの親のための教育という分野を充実させたくらいでは、子ども虐待の本質的な問題に迫るにはあまりにも距離があるとも思っています。産前に少し親になるための学習をしたくらいでは、なんともならない重篤な問題を持った親が子ども虐待当事者になることも理解しています。

　それでも、そのような親になってしまうことを次の世代に向けて減らしていかなければ、子ども虐待は減らせないと考えます。

もし仮に父親だけで子育てをするとしたら

　突拍子もない想像から始めてみます。人類が雌雄同体で、男性も女性も子どもを産めるとしたらどうでしょうか。ある小説に男性のおなかの中に受精卵を植え付けて、赤ちゃんを育てるという話がでてきます。これは医学的にまったく絵空事でもなさそうでした。

　そして産まれた赤ちゃんを男性が育てると仮定してみたらどうでしょうか。

第 11 章　産前からの子ども虐待予防教育が必要

　まず、産まれた赤ちゃんを出産直後から、授乳は人工乳を哺乳瓶からとなるでしょうが。
　そもそも、粉ミルクからどうやって作るのでしょうか。さらにおむつはどうやって換えるのでしょうか。また、なかなか寝ない赤ちゃんをあやしながら極端に少ない睡眠時間の中で仕事に行けるでしょうか。
　さらに、赤ちゃんの世話をするだけでは、生活が成り立ちません。まず、自分が食べるものはどうするのでしょうか。買い物は何を買ってくればいいのでしょうか。料理がそもそもできるでしょうか。家の掃除は、着るものの洗濯はだれがやるのでしょう。そう自分しかいなければ自分でやるしかありません。
　もっと、想像を広げてみましょう。もし同居するパートナーがいたとします。それも男性の。
　そうするとどうなるでしょうか。一般的な男性と仮定すると、自分とほぼ同じくらいの家事・育児能力しかないとしたらどうすればいいのでしょう。
　「そんなことできそうもない」と多くの男性は思われるかもしれません。しかし、多くの女性は母乳があるとはいえ、この事態を乗り超えなければなりません。
　このように考えてみるといかに、女性に家事・育児をこなす役割があたりまえのように期待されているかわかると思います。
　10 章のヒルトゥネン久美子さんのフィンランドの紹介では、男性も女性も、大人になり一人でも生活できるようにする教育が紹介されていました。
　大人になるためには、生活についての知識を得て体験的に学ぶ必要

185

がありそうです。日本では、義務教育の中ではこの部分はあまり強調されてきませんでした。家庭科の授業はありますが、体系的に大人になり家庭生活を運営できるようにしていくといった視点でははありません。

　私が、ある研究会で、「日本の家庭科では、目玉焼きと雑巾の縫い方くらいしか教えてない」と発言したところ、参加者の中から「意義あり！」と発言されたのが、6章の森岡さんでした。高校生の家庭科の授業を担当されている中で、特に男子学生に向けて、家事・育児をしていかないと子育てがたいへんになること、子育ての学習を若いうちからしないと間に合わないし、子どもの虐待につながりかねないことや、育児のストレスなどの授業を実践されています。

　知らなければ何ごとも始まらないわけです。育児について若い男女が学ぶ機会を作りましょう。例えば結婚してわが子を出産するまで、赤ちゃんにさわったこともないという親が多くなってきています。

　基本的には、この赤ちゃんに触れるという経験から始める必要があると思っています。

　見た事も、触ったこともないものをいきなり自分の子として扱えというのは乱暴すぎると思います。

　自動車教習所に行くと、車を動かす前に、まず車はどのようにして動くのか、ガソリンで動くってどういうことなのか、どうしたら曲がるのか、ハンドルはどうするのか、ブレーキはどこを踏むのかなど、車の構造・動くしくみなどを学び、実際に車にふれ、ボディーを見て、エンジンルームを開けてみて、運転席に座ってハンドルを握ってみるところから始めますよね。

　人間の赤ちゃんについても、ひととおり体がどうなっているのか、

第 11 章　産前からの子ども虐待予防教育が必要

　どうしておなかの中にいるときは呼吸しなくていいのに、世の中に出てきたときに、自分で呼吸しなくてはいけなくなるのか、なにを口から入れると命が維持できるのか、どのようにして成長するのか、どうやって言葉を獲得するのかなど、学ぶべきことはたくさんあります。
　男性ひとりで、子育てをすると仮定してみてください。これらのことを自動車教習所以上にたくさん学ばないといけないのが理解していただけると思います。
　多くの夫婦は、これらのことを産前の産婦人科の出産準備教室または、行政の行っている子育て講座などでほんの数時間で、学ぼうとしています。
　まして男性は、母親になる女性がこれらのことを学んでいてくれるはずだと思っています。両親がそろって学ぶ機会も用意されていないわけではありませんが、子どもを持つ夫婦全員が参加するわけではありません。参加するのは出産を控えた全世帯の 10％から、多くても 30％ くらいだと思われます。
　では、人類は長い歴史の中で、なぜ赤ちゃんや子育てについて学ぶ機会もなしに生きながらえ、進化してきたのでしょうか。
　一つには、人類が、みなで寄り集まり、協力して育児をする「共同養育」のシステムあったからだと言われています。
　今でもアフリカなどの昔ながらに暮らす民族には共同で子育てをする仕組みが見られると言われています。森にその日の食料を調達に行く若い女性の子どもを他の母親や、年配の女性が集団で赤ちゃんや幼児を見ています。
　これは、原始的な「保育園」の成り立ちです。このように代々、若い母親が先輩たちの母親の育児の仕方を間近にみて、支援してもらい

187

ながらわが子を育て、自分の子が少し大きくなると、今度は、次の世代の赤ちゃんの面倒をみるといった連鎖が続いて行ったものと思われます。

まさに、見様見真似、実地訓練で子育てが伝承されていったと考えられます。

この状況は、日本でも観察されます。わかりやすいのは、江戸時代などの寺子屋制度です。農業中心の生活をしていた世帯は、農繁期になると子どもを村の寺に預け、本堂や境内で遊ばせてもらいながら農作業をしていたといいます。その仕組みがだんだんと進化していき、行政の制度に取り込まれ保育所になっていったと考えられます。

今でも保育園を経営している社会福祉法人の母体に寺院が多いのは、その名残だからです。

保育園が必要なわけ

私は、行政で心理士として働いてきましたが、1994年に国の少子化対策の最初の施策はエンゼルプランでした。

私も人口約50万人の地方都市で、このエンゼルプランの策定に事務局として関わりました。その計画を作っていく中で、少子化が進み保育園の数は、これ以上必要なくなるのという議論がされました。子どもの出生数が減っていく状況に合わせて保育園の数を減らす方向で計画を作っていった覚えがあります。

しかし、出生する子どもの数は減り続けたにもかかわらず保育園の数は増え続けました。

要因は、労働人口が減り女性も働く機会が増えていったということ

第11章　産前からの子ども虐待予防教育が必要

もありましたが、核家族化が進み女性が一人で子育てをしなければならない状況になり、本来の人間の子育て状況であるはずの「共同養育」を求めた結果ではないかと考えています。

子育て中の母親の最も身近なパートナーは夫であるはずですが、その夫は若いうちは残業や付き合いが多く、なかなか子育てに参加する状況にありません。このような孤独な子育て状況の中で、「共同養育仲間」を求めるとすると保育園で、保育士や他の母親といっしょに子育てをする必要が生じたのだろうと思っています。

保育園の1段階前の育休中の母親が集う場所としての「子育て広場」事業という仕組みがあります。これも「共同養育」の場としての「子育て井戸端会議」が必要とされたから進化してきた子育て支援施策だと思います。

「子育て広場」を初めて整備したときに、3か月の乳児を抱いた母親が、「こういう場所が子育て中の母には必要なんです！」と強く訴えられたのが記憶に残っています。

共同養育者としての父親はどうなのか

男性が家事・育児に使う時間の国際比較からみても、日本の男性は、常に少ないことが問題にされます。

そもそも、若い世代の働き手は職場から残業をしてでも課題を達成するよう求められ、労働時間が長くなりがちです。私がエンゼルプランの担当をしていた当時でも働く父親の平均帰宅時間は、19時50分くらいでした。

比較的最近の調査では、子育て世代の父親の最も多い帰宅時間帯は、

19時代で21.3%でした。21時事後の帰宅時間の父親が30%もいます。これでは、いっしょに子育てをというほうが無理です。

エンゼルプランの計画書の中には、「お父さん早く帰って子育てに協力しましょう」と書いていました。ちょうど子育て中だった私は、自分自身が深夜に帰宅することが多く複雑な思いでした。

じゃあどうしたらいいのか

子どもたちには義務教育の時代から、フィンランドのように一人で生活できる基礎的能力を身につけておくことが最もたいせつなことだと思います。

大人になって、それも親になってから、掃除のしかた、買い物、洗濯、料理を一度に学ぶのはそもそも無理があります。そこに子育ての能力も求められるとなるとだれでもお手上げになるかもしれません。

教育のなかで、基本的な生活ができる能力が身につき、さらに、子育てが始まる段階で赤ちゃん、子育て、夫婦関係について学ぶとちょうど間に合うくらいかもしれません。

特に、行政で主に行っている子育てに関する教室の調査では、父親を対象にした講座は行われているものの、内容は、主たる養育者である母親をどのようにサポートするかに重点がおかれていることがわかります。

もし父親一人で子育てしなければならないとしたら、そもそも母親のサポートをどうしたらよいかだけの内容では足りないと思います。

父親向けの本格的な、一人でも子育てが可能なくらいの「父親向け子育て講座」が必要ではないかと思います。

第11章 産前からの子ども虐待予防教育が必要

　このような状況から、教育から積み上げていく必要があると思いますが、一挙に教育の内容をシフトさせるには時間がかかります。
　そこで、この本のテーマの「**産前からの子育て教育**」を、それぞれの執筆者がどのようなことを伝えたいと思っているかをまとめていきたいと思います。

各執筆者の強調したいことは

　執筆者のみなさんに、共通する産前からの子育て教育というテーマから、それぞれの特徴についてとりあげてみたいと思います。
第2章「出産前教育としてのコペアレンティング促進プログラム」の実践として中村康香さんに、親が協同して子育てをする状況をより高めるための産前からのプログラムの実践を紹介していただいています。
　アメリカからで実施されていた産前教育のプログラムは産前と産後にわたり１０回程度の実施回数を、日本に導入するにあたり、現在行われている「両親学級」などの実施状況に合わせて回数を調整されていいます。
　このプログラムでは、夫婦が「共にする子育て」の状況をcoparentingという考えかたでまとめています。夫婦がどの程度、お互いを尊重し、お互いが協力して育児を行うかの程度を測定することができる「日本版コペアレンティング関係尺度」を使って夫婦の関係性を測定し、お互いの協力体制を見直すことができるようになっています。この関係尺度をもちいることで、夫婦関係のありかたを数値化できるところが強みとなっています。

　第3章「産後うつ予防プログラム共感のセッション」の実践については、オーストラリアからの導入の経緯について2024年からアメリカのハーバード大学でご活躍の後藤あやさんに解説していただいています。
　日本での実践について石井佳世子さんにプログラムの実践内容をまとめていただいています。
　「もうすぐ赤ちゃんがやってくる」というキャッチフレーズのもと、赤ちゃんを迎えることに対する心配なことを夫婦がそれぞれチェックリストを活用して、そのズレを確認する作業をしていきます。このチェックリストを使うことにより、夫婦のそれぞれの子育てについての価値観などの違いがわかる仕組みです。
　「共感のセッション」という言葉にみられるように、夫婦間で、共感的に相手を理解し協力して子育てをすることを目指しています。母親の実際の子育て場面の文章を夫が読んで、どのように声かけすることが望ましいのか、何と言われると母親は感情を害するのかなどの体験学習が行われます。それに続き、より望ましい親としての在り方などをまとめた資料をもとに講義が行われます。
　プログラム終了後に資料が配布されますが、その中に、相談したい時の連絡先などがあります。臨床心理士・助産師などにつながることができるようになっています。より支援の必要性の高い参加者が分かった場合には、行政の保健師などに紹介する仕組みも整備されています。
　今まで行政などにより実施されてきた両親学級などの実施回数を考慮して産前に1回で実施することでコンパクトに効果をあげようとするプログラムです。産後は資料の送付によりつながりを確保していま

第11章 産前からの子ども虐待予防教育が必要

す。

　第4章「親になるための講座」の紹介を柴田がしています。産前からの親になるための準備教育として主に夫婦関係の変化について触れています。

　第5章「産前からのイライラしない子育て」については、長年、里親として活動をしてこられた杉江健二さんに紹介していただきます。子育て中の親への実践を続けてこられ、児童相談所にかかわった親に対する講座なども実施する中で、生まれる前から子育てスキルについて予防的に学んでおくべきことを解説していただいています。

　第6章「思春期から行う虐待予防教育」として森岡満恵さんに紹介をしていただいています。産前からの虐待予防を考えていくなかで、さらにさかのぼって結婚する前の段階の教育から虐待予防を意識した教育が必要であるとの観点から家庭科の授業のなかでの実践です。

　第7章「高校生を対象とした共感のセッションの取り組み」として、年代をさかのぼった教育について第3章の「共感のセッション」を高校生を対象とした実践について渡邊一代さんに紹介していただいています。

　第8章「産前からの親のための講座を実践してみて」については、子育て支援のＮＰＯ団体で活動の金子和保さんに、実際に産前からの親のための講座を実践してきた経過などにつき紹介していただいています。

　第9章「子育て奮闘中！父親からのメッセージ」として父親の子育てについて本を出版された石丸大志さんに、ご自分の子育て体験を通じて、これからのお父さんに産前から知っておいたほうがよい話を伝えていただいています。

193

第10章「フィンランド教育における親準備教育の取り組み」とし
てフィンランド在住でフィンランドでの子育てをしたご経験のあるヒ
ルトゥネン久美子さんに、フィンランドの教育の実践や、ネウボラで
行われている産前の取り組みなどのご紹介です。

共通する産前からの取り組みは

　各執筆者に共通する要素を取り上げてみます。
①生まれる前から親になっていく移行期について学ぶ、準備教育が
　必要である。
②産前から、子育てのしかたについて学ぶ教育が必要である。さら
　に、子ども虐待予防についても学ぶ必要がある。
③産前から、男女がそろって話し合いをしながら、お互いの意見を
　聞く機会が必要である。
④産前から、夫婦のコミュニケーションの在り方を練習しておく必
　要がある。
⑤産後は、育児・家事が女性に比重がかかりすぎる傾向があること
　を知っておく必要がある。
⑥産後は、夫婦関係が変化することを知っておく必要がある。
⑦子育ては、夫婦が協力して行わないと家庭にひずみが生じること
　を知っておく必要がある。
　これらの要素を産前の教育プログラムに入れていくことを意識し
た産前教育が必要であると感じました。

194

第 11 章　産前からの子ども虐待予防教育が必要

よい親子関係連鎖にむけて

　（図1）のように子どもが生まれる前は、産前からの親準備教育が各種行われ、産後は子育てについて学ぶ講座があります。その子どもが育ち義務教育になったら、次の世代に向けてすでに親準備教育としての、赤ちゃん体験や、家庭科での学びの時間を確保します。

　さらに、思春期には基本的な性教育を行い、高校・大学等でのより具体的な親準備教育がなされ、青年期を迎え次の世代につながります。結婚・妊娠を経て、また次の世代にこのサイクルが繰り替えされていくという循環が続いていく必要があると思います。

より良い親子関係連鎖をつくる

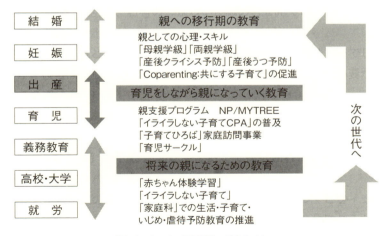

（図1）　よりよい母子保健・教育サイクル

実施回数について

　今回この本で取り上げられた産前からの教育プログラムは、実施回数が1回から6回と幅があります。これは、今まで実施されてきた両親学級の時間枠の中で実施することが現実的だとの判断があり、1回の実施としてきたプログラムもありました。
　しかし、筆者としては今後の子育て支援の在り方を考えるとこれまでの回数にとらわれていては、これらの事業の意義を伝えきれないと考えます。
　筆者の実施してきた「親になるための講座」では産前4回、産後2回をフルバージョンとしています。今のところ各自治体の両親学級の在り方に合わせて回数を調整したりする必要があるかもしれませんが、筆者としては、**産前4回、産後2回**できれば理想的ではないかと思っています。

産前子育て教育の制度化に向けて

　現段階では、わが国は、母子保健法の中に、両親学級は位置づけられていますが、回数の規定や内容についての詳しい規定はありません。現在行われている、出産や赤ちゃんのケアだけでは、十分でないというところから、この本は出版されました。
　その意味で、5章の杉江健二さんや8章の金子和保さんに触れていただいているように、国レベルで制度化に向けて現場から働きかけていく必要があると考えます。

第 11 章　産前からの子ども虐待予防教育が必要

「産前子育て教室制度化推進全国ネットワーク」の活動にご興味のある方は、次のホームページをご覧ください。
これから子どもを産む予定のカップルやこの分野に関心のある方にこの本をお勧めください。
https://xn--m9j833h0fgwja872b26w4ps.com/

〈執筆者紹介〉

中村康香（なかむらやすか）2 章
専門分野　母性 / 女性看護学・助産学・出産前教育・子育て支援
現職　山形県立保健医療大学　看護学科
　　　大学院保健医療学研究科　看護学専攻
　　　教授 博士（看護学）（助産師・看護師・保健師）
臨床を経て 2007 年より東北大学大学院医学系研究科、2024 年より現職。妊婦がより快適な妊娠生活ができるよう、妊娠期の肯定的側面や身体活動に着目し、外来通院妊婦だけでなく、入院妊婦や就労妊婦を対象とした研究に取り組む。さらに、妊娠期から夫婦ともに協働して育児に取り組むコペアレンティングプログラム開発とその効果検証に携わる。

後藤あや（ごとうあや）3 章 1
専門分野　母子保健・国際保健・ヘルスリテラシー
現職　ハーバード T.H. Chan 公衆衛生大学院国際保健・人口学講座
　　　武見太郎国際地域保健学教授
　　　福島県立医科大学総合科学教育研究センター
　　　特任教授（医師）
産婦人科の初期研修を経て、大学に勤務する公衆衛生医として 20 年以上、国内外で母子保健（家族計画、育児支援）や国際保健（人材育成）の仕事をしてきました。福島の原発事故をきっかけに、医療従事者対象にヘルスリテラシー（健康情報をわかりやすく伝える技術）の研修や学童期の子どもを対象に参加型健康教育も展開しています。

石井佳世子（いしいかよこ）3 章
専門分野　産後うつ予防、放射線被ばくによる妊産婦への影響
現職　福島県立医科大学　看護学部　母性看護学・助産学部門　講師
　　　放射線医学県民健康管理センター　県民健康調査　妊産婦に関する調査　副室長
　　　保健師、助産師、看護師
小児科、産科の臨床と大学教育を経験しました。自身も妊娠・出産を経験後、東日本大震災後に放射線を心配する母親の電話支援に携わりました。母親の産後の育児不安を減らすためには、夫婦が協力し合う状況が大切です。妊娠中から夫婦が話し合いを増やし、産後もお互いの共感を高めることができるような活動をこれからも続けていきたいと思います。

杉江健二（すぎえけんじ）5 章
専門分野　児童福祉・子育て支援・子ども虐待予防・ペアレントトレーニング
現職　一般社団法人青少年養育支援センター陽氣会代表理事
　　　養育里親（ファミリーホーム「陽氣道場」）

こども食堂「えがお」
これまで約 20 年間養育里親として計 55 名の児童を養育。その 8 割が被虐待児童であった経験から児童虐待防止活動を開始。子育て支援プログラム「ＳＳ式イライラしない子育て法®」(コミュニカティブ・ペアレンティング・アプローチ (Communicative Parenting Approach)) を開発。各地で子育て講演会(「イライラしない子育て講座」) を開催する

森岡満恵（もりおか みつえ）6 章
現在、大阪府立伯太高等学校　家庭科教諭（再任用）
資格はノーバディーズ・パーフェクト・プログラム、コモンセンス・ペアレンティング、眠育アドバイザー、CPA（イライラしない子育て）などのトレーナー、ファシリテーター。
40 年前から虐待予防教育の授業を考案し、積み重ねてきました。新任の頃は「親の気分で子どもを叱ってはダメ」「中絶しないため避妊をしっかりしよう」という単純な内容でした。今では膨らみ過ぎて 40 時間以上の授業内容になりました。これをいかに良い形に凝縮し普及させていくかが課題です。

渡邉一代（わたなべかずよ）7 章
専門分野　助産学　思春期の健康教育　国際地域母子保健
現職　福島学院大学福祉学部こども学科 教授（助産師、看護師）
助産師として日本と海外の病院で産婦人科外来や病棟で勤務をしたり地域母子保健プロジェクトを運営したり、その後は助産師教育に携わりました。私は、皆が「生まれてよかった」と思って生活してほしいという思いから、地域の小学校、中学校や高等学校、市民講座などで自分らしく生きるための健康教育を続けています。

金子和保（かねこかずほ）8 章
専門分野　子育て支援・子ども虐待予防・親子で話す性のこと
現職　親なるサポート代表
産前産後のママ、パパ達と話していると、赤ちゃんに触れる経験がないまま親になる人が増えていることが分かります。その人達は、何も学ばないままでは赤ちゃんを育てられません。子育てを知らないから不安で孤独になることが虐待に繋がり得るでしょう。産前から、またはもっと前から子育ての大変さと喜びを全員に伝えることが、虐待を予防すると考えます。

石丸大志（いしまるだいし）9 章
専門分野　子育て支援・夫婦関係改善サポート
現職　子育て／パートナーシップ活動家
結婚生活 10 年、子育て経験 8 年の中での気づきを発信していく中でママパパからのお悩み相談に 400 名以上回答。「子育ての悩みの原因は夫婦関係に辿り着く」と捉え、ママの気持ちを楽にする考え方や、パパとしての役割を伝えている。パートナーシップの在り方は早くから改善した方がいいと考え、産前からの子育ての意義に深く共感し活動している。

ヒルトゥネン久美子（ひるとぅねんくみこ）１０章
専門分野　保育から始まるフィンランド教育・高齢者及び障がい者福祉
現職　KHジャパンマネージメント株式会社代表
日本とフィンランドをつなぐプロジェクトコーディネーター
フィンランドに暮らし早31年。異なる一人一人の個を尊重するフィンランド社会に移り住み、自分を知ること、自分らしく生き自立することの大切さに気付かされました。助けを求めながらも自立した成人となることは自己肯定感形成においての基盤です。その為の安心ネットワークと人間関係作りが、育児と子育て、そして家族運営を丁寧に生きる鍵になると信じています。

〈編著者紹介〉

柴田俊一（しばたしゅんいち）1章・4章・11章
専門分野　臨床心理学・子育て支援・子ども虐待予防
現職　常葉大学健康プロデュース学部こども健康学科
　　　大学院健康科学研究科臨床心理学専攻
　　　特任教授（臨床心理士・公認心理師）
保健所の心理相談員の仕事から始まり、福祉事務所の家庭児童相談室、児童相談所の児童心理司まで
行政の中で27年現場の仕事をしてきました。子ども虐待の相談件数が増加の一途をたどる中で子ど
も虐待予防は、母子保健分野から始めないと減らすことができないと感じています。今はさらに遡っ
て義務教育の段階からの予防が必要と考えています。

産前からの親準備教育のススメ
二人でともに親になるために

2024年11月30日　初版第1刷発行

編著者　　柴田俊一

発行者　　大江道雅
発行所　　株式会社 明石書店
　　　　　〒101-0021
　　　　　東京都千代田区外神田6-9-5
　　　　　電話　03-5818-1171
　　　　　FAX　03-5818-1174
　　　　　URL　http://www.akashi.co.jp
　　　　　振替　00100-7-24505

企画編集協力　師岡秀治
装丁・組版　明石書店デザイン室
印刷・製本　モリモト印刷株式会社

（定価はカバーに表記してあります）　　ISBN 978-4-7503-5850-5

JCOPY 〈出版者著作権管理機構　委託出版物〉

本書の無断複製は著作権法上での例外を除き禁じられています。複製される場合
は、そのつど事前に、出版者著作権管理機構（電話 03-5244-5088、FAX 03-5244-
5089、e-mail: info@jcopy.or.jp）の許諾を得てください。

3000万語の格差

赤ちゃんの脳をつくる、親と保育者の話しかけ

ダナ・サスキンド 著
掛札逸美 訳　高山静子 解説
■A5判／並製／272頁　◎1800円

算数や国語の学力、粘り強さ、自己制御力、思いやり……、生まれた瞬間から最初の数年間に、親や保育者が子どもとどれだけ「話したか」ですべてが決まる。日本の子育て、保育が抱える課題とその解決策を、科学的な裏づけと著者自身の具体的な実践から示した書。

● 内容構成 ●

第1章　つながり：小児人工内耳外科医が社会科学者になったわけ
第2章　ハートとリズリー：保護者の話し言葉をめぐる先駆者
第3章　脳の可塑性：脳科学革命の波に乗る
第4章　保護者が話す言葉、そのパワー：言葉から始めて、人生全体の見通しへ
第5章　3つのT：脳が十分に発達するための基礎を用意する
第6章　社会に及ぼす影響：脳の可塑性の科学は私たちをどこへ導くのか
第7章　「3000万語」を伝え、広げていく：次のステップ
エピローグ　岸に立つ傍観者であることをやめる
解説　子どもの言葉を育む環境づくり〔高山静子〕
訳者あとがき〔掛札逸美〕

ペアレント・ネイション

親と保育者だけに子育てを押しつけない社会のつくり方

ダナ・サスキンド、リディア・デンワース 著
掛札逸美 訳
■A5判／並製／328頁　◎1800円

親と保育者みんなにできる、赤ちゃんの脳のつくり方から、子どもと保護者にやさしい社会のデザイン。すべての子どもの可能性を100％活かせる世界の実現を目指して、ダナ・サスキンド博士が『3000万語の格差』執筆後にたどった道のりを描くエッセイ集。

● 内容構成 ●

パート1　土台
新たな北極星に向かって──本書が伝えたいこと／脳が持つ最大の魔法／街灯効果／脳の作り手たち

パート2　断絶
確信を持つ。それがすべての始まり／基礎を固め、しっかりしたボートをつくる／地図をつくり、激流を渡っていく……

パート3　前進
政策──守るべきもののために声を挙げる／ヘルスケア──医師だけではできないこと／働き方──ビジネスのビジネスは約束を果たす／多様さと権利──生命、自由。そして、社会の

エピローグ

〈価格は本体価格です〉

イラスト版
子どもの認知行動療法

《6〜12歳の子ども対象 セルフヘルプ用ガイドブック》

子どもによく見られる問題をテーマとして、子どもが自分の状態をどのように受け止めればよいのか、ユーモアあふれるたとえを用いて、子どもの目線で語っています。問題への対処方法も、世界的に注目を集める認知行動療法に基づき、親しみやすいイラストと文章でわかりやすく紹介。絵本のように楽しく読み進めながら、すぐに実行に移せる実践的技法が満載のシリーズです。保護者、教師、セラピスト、必読の書。

① だいじょうぶ 自分でできる **心配の追いはらい方ワークブック**

② だいじょうぶ 自分でできる **怒りの消火法ワークブック**

③ だいじょうぶ 自分でできる **こだわり頭[強迫性障害]のほぐし方ワークブック**

④ だいじょうぶ 自分でできる **後ろ向きな考えの飛びこえ方ワークブック**

⑤ だいじょうぶ 自分でできる **眠れない夜とさよならする方法ワークブック**

⑥ だいじょうぶ 自分でできる **悪いくせのカギのはずし方ワークブック**

⑦ だいじょうぶ 自分でできる **嫉妬の操縦法ワークブック**

⑧ だいじょうぶ 自分でできる **失敗の乗りこえ方ワークブック**

⑨ だいじょうぶ 自分でできる **はずかしい![社交不安]から抜け出す方法ワークブック**

⑩ だいじょうぶ 自分でできる **親と離れて飛び立つ方法ワークブック**

著：①〜⑥ ドーン・ヒューブナー　⑦〜⑨ ジャクリーン・B・トーナー、クレア・A・B・フリーランド
　　⑩ クリステン・ラベリー、シルビア・シュナイダー
絵：①〜⑥ ボニー・マシューズ　⑦ デヴィッド・トンプソン　⑧〜⑩ ジャネット・マクドネル
訳：上田勢子　　　　　　　　　　　　　　　　　　　　　　　B5判変型　◎1500円

〈価格は本体価格です〉

ポジティブ・ディシプリンのすすめ
親力をのばす0歳から18歳までの子育てガイド
ジョーン・E・デュラント著
セーブ・ザ・チルドレン・ジャパン監修　柳沢圭子訳
◎1600円

思春期からの子ども虐待予防教育
保健・福祉・教育専門職が教える、親になる前に知っておいてほしいこと
森岡満恵著
◎2000円

周産期からの子ども虐待予防・ケア
保健・医療・福祉の連携と支援体制
中板育美著
◎2200円

むずかしい子を育てるペアレント・トレーニング
親子に笑顔がもどる10の方法
野口啓示著　のぐちふみこイラスト
◎1600円

子どものウェルビーイングとひびきあう
権利、声、「象徴」としての子ども
山口有紗著
◎2200円

日本とフィンランドにおける子どものウェルビーイングへの多面的アプローチ
子どもの幸福を考える
松本真理子編著
◎5800円

子どもへの体罰を根絶するために
臨床家・実務者のためのガイダンス
エリザベス・T・ガースホフ、シャウナ・J・リー編　溝口史剛訳
◎2700円

小児期の逆境的体験と保護的体験
子どもの脳・行動・発達に及ぼす影響とレジリエンス
J・ヘイズ=グルードほか著　菅原ますみほか監訳
◎4200円

非行少年に対するトラウマインフォームドケア
修復的司法の理論と実践
ジュダ・オウドショーン著　野坂祐子監訳
◎5800円

子ども虐待ソーシャルワーク実践ガイド
子どもの安全と養育支援のマネジメントとアセスメント
山本恒雄著
◎2600円

子どもの権利ガイドブック【第3版】
日本弁護士連合会子どもの権利委員会編著
◎4000円

子どもアドボケイト養成講座
子どもの声を聴き権利を守るために
堀正嗣著
◎2200円

子どもアドボカシーQ&A
30の問いからわかる実践ガイド
栄留里美編著
◎2200円

児童虐待対応と「子どもの意見表明権」
一時保護所での子どもの人権を保障する取り組み
小野善郎、薬師寺真編著
◎2500円

読んで学べるADHDのペアレントトレーニング
むずかしい子にやさしい子育て
シンシア・ウィッタム著
上林靖子、中田洋二郎、藤井和子、井潤知美、北道子訳
◎1800円

小児思春期の子どものメンタルヘルスケア
プライマリーケア医療者向けガイダンス
ジェーン・メシャン・フォイ編
溝口史剛監訳　前橋赤十字病院小児科訳
◎20000円

〈価格は本体価格です〉